DIE SCHLÖSSER DER LOIRE

Außerdem befinden wir uns im Herzen der alten französischen Monarchie; und da jene Monarchie glanzvoll und pittoresk war, schimmert noch ein Widerschein des Glanzes auf dem Strom der Loire. Einige der bemerkenswertesten Ereignisse der französischen Geschichte haben sich an den Ufern dieses Flusses zugetragen ... Die Loire gibt einer Landschaft, die von keinen, wie man so sagt, hervorstechenden Merkmalen geprägt ist, grandiosen «Stil» und lenkt das Auge in Fernen, die noch poetischer sind als die grünen Horizonte der Touraine.

Henry James, 1883/84

DIE SCHLÖSSER DER LOIRE

Fotografie Axel M. Mosler
Text Thorsten Droste

Bucher

INHALT

Bildkapitel

Axel M. Mosler

Textkapitel

Thorsten Droste

Thorsten Droste

Seite 1: Glasmalerei an einem Fenster in Schloß Blois. Das Stachelschwein ist das Wappentier Ludwigs XII.

Seite 2/3: Schloß Amboise liegt malerisch hoch über den Ufern der Loire.

Seite 4: Schloß Villandry ist vor allem wegen seiner schönen Parkanlagen berühmt.

Seite 5, links: Das Städtchen Chinon liegt im Schatten seiner Burganlage an der Vienne.

Seite 5, rechts: Wie ein Märchenschloß wirkt Ussé mit seinen vielen Türmen.

DAS TAL DER LOIRE

LANDSCHAFT, GESCHICHTE UND KUNST

Die Loire hat für Frankreichs Geschichte eine vergleichbare Bedeutung wie der Rhein für die deutsche. Während der Rhein jedoch durch Grenzverschiebungen heute nur noch die Peripherie Deutschlands berührt, durchzieht die Loire seit jeher die Herzlandschaften Frankreichs. Zugleich ist sie mit 1012 Kilometer Länge der mächtigste Strom unseres Nachbarlandes. Sie entspringt im Zentralmassiv unterhalb des Vulkankegels des Gerbier-de-Jonc. Als Scheide zwischen Burgund und dem Bourbonnais schlägt sie, scheinbar zielstrebig, den Weg nach Norden ein. Vor Urzeiten hielt sie unbeirrt an dieser Richtung fest und führte in der Steinzeit ihre Wasser der Seine zu. Doch schon vor Millionen Jahren änderte die «launische Dame» ihre Richtung bei der alten Porzellanstadt Gien. Von dort an beschreibt sie jetzt zunächst einen in nordwestlicher Richtung ausgreifenden Bogen, dessen nördlichster Punkt die Stadt Orléans berührt. Ab Blois fließt sie beinahe geradlinig nach Westen und mündet schließlich bei Saint-Nazaire in den Atlantik. Würde man eine Reise von der Quelle bis zur Mündung der Loire unternehmen und dabei die Landschaften zu beiden Seiten ihrer Ufer erkunden, so könnte man gut ein Viertel des heutigen Frankreich dabei durchstreifen. Diese Ausmaße werden auch dadurch verdeutlicht, daß das Einzugsgebiet ihres Entwässerungssystems etwa zwanzig Prozent der Gesamtfläche Frankreichs umfaßt. Die wichtigsten Zubringer der Loire sind im Süden der Allier, der Cher, die Indre, die Vienne und der Thouet. Von Norden her ziehen ihr der Loir, die Sarthe und die Mayenne entgegen.

Seine Berühmtheit als touristisches Reiseziel verdankt das Tal der Loire seiner Vielzahl an Schlössern, von denen sich fast dreihundert im Abschnitt zwischen Orléans und Angers konzentrieren. So beginnt denn auch die klassische Loirereise erst kurz vor Orléans. Der Reisende vollzieht damit eine historische Entwicklung nach, die sich über Jahrhunderte erstreckt. Nur das untere Drittel der Loire war Schauplatz jener historischen Ereignisse, deren bauliche Zeugen bis heute einen Geschichtsunterricht vermitteln, wie er anschaulicher kaum vorstellbar ist. Derart tief wurzelt das Bewußtsein von der geschichtsträchtigen Rolle der Loire, daß die bloße Nennung des Begriffs Tal, «Le Val», als geographische Begriffsbestimmung ausreicht.

Auf ihrem Weg von Gien bis nach Saint-Nazaire durchquert die Loire vier Landschaften: das Orléanais, das Blésois, die Touraine und zuletzt das Anjou. Dabei fällt auf, daß alle diese Landschaften beide Ufer säumen, so daß der Strom hier keine trennende Funktion hat. Eine solche hat er nur im Bereich des Oberlaufs, etwa bis zum Eintritt in das Orléanais. Denn anfangs bahnt er sich seinen Weg durch bergige, später immer noch hügelige Gegenden und trennt dadurch einzelne Landschaften voneinander. Von Gien an verbreitert sich das Tal, werden die Grenzen zu den Ebenen der Ile de France im Norden und dem beginnenden Aquitanischen Becken im Süden fließender.

Bereits im Orléanais wird deutlich, daß das Loiretal zu Recht seinen klingenden Beinamen «Garten Frankreichs» führt. Überall sieht man Baumschulen, Obstplantagen und Blumenfelder. Auf den Böden des westlichen Orléanais, deren hoher Sandanteil der Fluß

Illustration zum Monat September (Weinlese) aus dem Stundenbuch des Herzogs Jean de Berry, Anfang des 15. Jahrhunderts von den Brüdern von Limburg gemalt (das Original heute im Schloß Chantilly). Im Hintergrund das Schloß von Saumur mit einer Vielzahl von Türmchen und Erkern, die heute nicht mehr vorhanden sind. Zu beachten das Dach der ehemaligen Schloßküche links vom Eingangsturm, das der Klosterkirche von Fontevraud ähnelt.

im Laufe von Jahrmillionen herangeschwemmt hat, gedeiht Frühgemüse, vor allem Spargel. Im Wechsel mit bewirtschafteten Flächen beleben ausgedehnte Wälder das gemächlich hingebreitete Landschaftspanorama, so daß insgesamt ein facettenreiches Mosaik entsteht.

Das relativ kleine Blésois bildet den Übergang vom Orléanais zur Touraine. Zwischen wildreichen Wäldern, endlos weiten Getreidefeldern und Gemüseanbauflächen stehen hier und da schon die ersten Weinstöcke. Blois besitzt zudem eine bescheidene Industrie. Doch wer redet hier schon von Landwirtschaft und Handel? Der ganze Stolz der Gegend sind die großen Schlösser Blois und Chambord, die die Rangliste der Feudalbauten unangefochten anführen. Ihnen treten weitere Berühmtheiten wie Cheverny, Chaumont, Villesavin und Beauregard zur Seite, nicht zu reden von der Legion adliger Landsitze, Manoirs und Lustschlößchen aller Epochen.

Inbegriff des lieblichen Loiretals ist die Touraine, die man zwischen Chaumont und Amboise erreicht. Daß gerade diese Region so sehr Symbolcharakter für das Loiretal hat, liegt wohl nicht nur an ihrer stattlichen Zahl von Burgen und Schlössern – Amboise, Chenonceaux, Azay-le-Rideau, Villandry, Langeais, um hier nur die wichtigsten zu nennen –, sondern auch an den in aller Welt gelesenen Romanen Honoré de Balzacs. Als ihr wortgewaltiger Anwalt geizte er nie mit Liebeserklärungen an die eigene Heimat, eine Region, in der der Weinanbau breiten Raum einnimmt. Besonders weiße Rebsorten gedeihen hier prächtig auf den Kreide- und Lößböden. Die trockensten unter ihnen (etwa Vouvray) werden zu einem champagnerähnlichen Perlwein verarbeitet. Gute Lagerungsmöglichkeiten für den Wein bieten die künstlichen Grotten. Diese wurden über Jahrhunderte hinweg in den weichen Tuffstein der Uferböschungen der Loire und ihrer Nebenarme getrieben. Sie dienen teils auch als Wohnstätten. Die gute Isolierung des Tuffsteins erweist sich zu jeder Jahreszeit als hilfreich: Im Sommer bleibt es im Inneren frisch, im Winter dagegen hält sich dort die Wärme.

Chinon am Unterlauf der Vienne war im Mittelalter wichtigste Grenzfeste zwischen Touraine und Anjou. Im Landschaftsbild ist für den heutigen Besucher kein gravierender Unterschied zwischen den Landschaften auszumachen. Weiterhin bestimmen ausgedehnte Felder, Weinkulturen und Obstplantagen, von gelegentlichen Wäldern unterbrochen, das Bild. Das sich jetzt weit in die Fläche ausdehnende Tal wird nur noch zuweilen von mäßig anwachsenden Hügelketten gesäumt. Die kalkhaltigen Böden rings um Chinon, die gegenüber den Kreidegründen der Touraine und der Gegend um Saumur (dort wird ein vorzüglicher Schaumwein gekeltert) eine raschere Entwässerung gewährleisten, begünstigen den Anbau von Rotwein, dem nördlichsten in Frankreich. Ansonsten ist das Anjou auch bekannt für seinen fruchtigen Rosé. Die zum Teil artifiziellen Grotten dieser Gegend werden für die Pilzzucht verwendet. Neunzig Prozent aller französischen Champignons stammen aus dem Anjou.

Von Nantes an verbreitert sich der Strom auf mehrere hundert Meter. Hatte die Loire bis hierher eine die Landschaften verbindende Wirkung, so wird jetzt ein trennender Charakter spürbar. Entsprechend sind in diesem Bereich zwei Landschaften deutlicher voneinander zu unterscheiden: im Norden die beginnende Bretagne, im Süden die Vendée. Dennoch ist selbst hier die Loire kein unüberwindlicher Grabenbruch. Vendée und Bretagne korrespondieren nicht nur in ihrer landschaftlichen Erscheinung (übergrünte granitene Böden), sondern weisen auch kulturelle Berührungspunkte auf, die bis in die Zeit der Megalithkultur zurückreichen. Es erscheint deshalb durchaus folgerichtig, daß die Départements südlich und nördlich der Loiremündung im Zuge der Gebietsreform 1972 in der Region «Pays de Loire» zusammengefaßt wurden.

Interessant zu beobachten ist eine gewisse Korrespondenz zwischen der behäbigen Landschaft, dem Gleichmaß des Stromes und dem Charakter der Menschen, die hier leben. Es fällt jedenfalls auf, daß im «Val» nicht so rasend schnell gesprochen wird wie etwa in Paris oder in den Südprovinzen des Landes. Bekannt ist, daß man hier Wert auf gute Artikulation legt, und es ist keine Mär, wenn behauptet wird, daß im Loiretal das beste

Fortsetzung Seite 17

So kämpferisch wie auf dem Reiterstandbild von 1855 zeigte sich Johanna von Orléans im Hundertjährigen Krieg gegen die die Stadt belagernden Engländer. 1429 gelang es ihr, Karl VII. zur Krönung nach Reims zu führen und damit zur entscheidenden Kriegswende beizutragen. Heute findet man die französische Nationalheldin zum Beispiel hier auf der Place du Martroi in Orléans.

Nächste Doppelseite: Von der Kathedrale Saint-Louis überblickt man Blois, die Hauptstadt des Département Loir-et-Cher an der Loire mit dem reizvollen Wechselspiel von bläulichen Schieferdächern und ziegelroten Schornsteinen.

Bei Saumur fließt die Loire um eine Stadtinsel, die Ile d'Offard, und erscheint hier deshalb eher beschaulich.

In Blois. Ab hier fließt die Loire beinahe geradlinig nach Westen und mündet schließlich bei Saint-Nazaire in den Atlantik.

Das Schloß von Amboise erhebt sich direkt über dem Ufer der Loire und stellt damit eher eine Ausnahme dar, da alle anderen Schlösser vom Fluß abgerückt erscheinen.

Nächste Doppelseite: Die mächtigen Ufermauern bei Blois – hier bei sommerlichem Niedrigwasser – schützen die Stadt vor Überflutung. Kein anderer Fluß Frankreichs hat einen so extrem schwankenden Wasserstand wie die Loire.

TAILLEUR

Die traditionellen Kähne, hier auf der Vienne, mit ihren typischen flachen Böden werden auch heute noch zum Lastentransport, zum Übersetzen, aber natürlich auch beim Fischfang genutzt.

Französisch gesprochen wird. Die Menschen zeichnet hier ein bemerkenswertes Phlegma aus, das sich mit einem wachen Verstand für das Praktische und das im Augenblick Nützliche sinnvoll verbindet. Eine mittelalterliche Legende gibt dies ebenso sinnbildhaft wie humorvoll wieder. Sie berichtet von zwei Krüppeln, die recht und schlecht von Almosen lebten. Als die Überführung der Reliquien des heiligen Martin von Burgund nach Tours stattfand und überall dort, wo die Prozession entlangkam, Kranke von ihren Leiden geheilt wurden, sollen die beiden Reißaus genommen haben. Auf keinen Fall wollten sie mit ihren Gebrechen zugleich auch die sichere Einkommensquelle verlieren. Doch die Prozession war schneller als die beiden Lahmen. Wider Willen wurden sie geheilt, entdeckten sodann aber im eifrigen Lobpreis des Heiligen eine neue, nicht minder stabile Lebensgrundlage.

DIE LOIRE IN GEFAHR

Wer heute das Loiretal und seine Sehenswürdigkeiten an sich vorüberziehen läßt, sei es als Reisender vor Ort oder in einem Buche blätternd, kann nicht unberührt bleiben von dem dezenten Charme der Loire. Aber worin liegt diese Faszination? Die Schlösser und andere Denkmäler reichen zur alleinigen Erklärung sicher nicht aus. Ein ganz wesentlicher Teil der Verzauberung, der so mancher erliegt, ist wohl der Unberührtheit der Natur zuzuschreiben. Tatsächlich ist die Loire der einzige Strom Mittel- und Westeuropas, in dessen Lauf der Mensch noch nicht regulierend eingegriffen hat. Schiffahrt hat auf der Loire seit jeher keine herausragende Rolle gespielt. Bis ins 19. Jahrhundert wurden Lastkähne im Treidelverfahren flußaufwärts gezogen. Seit Bestehen der Eisenbahn ist die Schiffahrt gänzlich zum Erliegen gekommen, wenn man von der Küstenschiffahrt zwischen Saint-Nazaire und Nantes einmal absieht. So hat man die Loire sich selbst überlassen, und sie hat diese Freiheit weidlich genutzt. Periodische Hochwasser haben dazu geführt, daß sie ihr Bett ständig verlagert hat, zum Kummer der kartographischen Institute, die bei Neuauflagen ihrer Loirekarten immer wieder zu Korrekturen gezwungen sind. Zugleich ist damit aber etwas entstanden, was im heutigen Europa bereits Seltenheitswert besitzt: ein ökologischer Großraum mit einer Artenvielfalt an Tieren und Pflanzen, die anderswo schon seit Jahrzehnten als ausgestorben gelten. Daran haben bisher selbst die bereits seit Anfang der sechziger Jahre bestehenden Atomkraftwerke wenig geändert.

Seit neuestem aber ist diese Idylle grundlegend in Frage gestellt. Die Loire selbst hat den Vorwand dafür geliefert, daß jetzt geplant ist, massive Regulierungsmaßnahmen vorzunehmen. Der Wasserstand unterliegt nämlich jahreszeitlich bedingt erheblichen Schwankungen. Während sie sich in den Sommermonaten oftmals zu einem Rinnsal verdünnt (in den extrem trockenen Monaten des Sommers 1989 war dies etwa der Fall), schwillt der Strom im Frühjahr manches Mal unberechenbar an. Turnusgemäße Überflutungen von Dörfern, Städten und Feldern sind die leidige Folge. Dagegen will sich der Mensch nun zur Wehr setzen. Mit Eindeichungen am Unterlauf sowie mit einer ganzen Kette von Staudämmen an den Oberläufen von Allier, Cher und Loire soll der Fluß an die Leine gelegt werden. Doch das Sicherheitsargument hat sich rasch als Alibi entpuppt, hinter dem ein handfestes wirtschaftliches Kalkül als eigentliche Motivation steht. Zum einen soll mit Hilfe des regulierten Wasserstandes die Kühlwasserversorgung für die vier großen Kernkraftwerke sichergestellt werden, die die Loireufer zwischen Sancerre und Saumur säumen, zum anderen geht es um einen Ausbau der Schiffahrt, die nach dem Willen der Planer schon bald bis zur Mündung der Vienne möglich werden soll. Parallel zu diesen Maßnahmen ist eine Erschließung von bislang brachliegendem Überschwemmungsland zugunsten einer landwirtschaftlichen Nutzung ins Auge gefaßt.

Da man sich in Frankreich noch bis vor kurzer Zeit kaum oder nur halbherzig mit Fragen des Umweltschutzes auseinandergesetzt hat, schien sich diesen Bestrebungen kein ernstzunehmender Widerstand entgegenzustellen. Doch dann kam im Frühjahr 1989 die große Überraschung: Beinahe über Nacht wurde die Frage der Loireregulierung in breiter

Ansicht der Stadt Orléans. In der Bildmitte die Brücke Georgs V., dahinter die Kathedrale Sainte-Croix. Stahlstich von Johann Georg Martini, um 1850.

Öffentlichkeit diskutiert, und die Kontroverse zu diesem Thema katapultierte die Umweltschützer, die bislang ein Schattendasein geführt hatten, mit mehr als zehn Prozent der Wählerstimmen ins Europaparlament. Plötzlich erscheint das zuvor oft als Ausdruck typisch teutonischer Hysterie belächelte Bemühen um Erhalt der Natur als ein ernsthaftes Anliegen, das jeden Bürger angeht. Namentlich sind es drei Argumente, mit denen das Jahrhundertprojekt in Frage gestellt wird. Zum einen wird die Notwendigkeit der Kühlwasserversorgung bezweifelt, denn tatsächlich besteht schon längst eine Überproduktion an elektrischem Strom, so daß Frankreich bereits Nachbarländer mit Energie beliefert. Ein Kernkraftwerk wurde sogar schon stillgelegt. Zum anderen erscheint die Neuerschließung landwirtschaftlicher Nutzflächen angesichts der Überkapazitäten auf dem EG-Markt widersinnig. Abgesehen von der wenig überzeugenden Wirtschaftlichkeit der Eindämmungen und Regulierungen fällt als weiteres Gegenargument die Tragweite der Umweltzerstörung ins Gewicht. Von den Maßnahmen wären Fische (Aal, Lachs und andere), Lurche, Vögel unterschiedlichster Arten und Insekten ebenso betroffen wie ein breites Spektrum der Pflanzenwelt. Insgesamt wäre das größte intakte ökologische System in Westeuropa zum Zusammenbruch verurteilt; an die Stelle einer jetzt noch faszinierenden Artenvielfalt und eines lebendigen Landschaftsbildes träte überall die öde Kulisse einer monotonen, am «grünen Tisch» geplanten Wirtschaftsfläche.

Die konzertierte Aktion der Umweltschützer aus ganz Europa und die unterschiedlichen Initiativen zahlreicher Bürgergruppierungen, die sich unter dem Schlagwort «Loire vivante» zusammengefunden haben, konnten bereits, wenn auch spät angekurbelt, erste Erfolge verbuchen. Das Umweltministerium hat die ehrgeizigen Baupläne vorerst gestoppt. Nun müssen Gerichte über Verträglichkeit, Nutzen, Folgen und dergleichen entscheiden. So schwebt vorerst weiter das Damoklesschwert über der Loire.

Man stellt sich die Frage, warum gerade dieses Projekt die Menschen auf die Barrikaden gebracht hat. Warum nicht schon die Errichtung der gigantischen Atommeiler, deren wenige Gegner einst auf verlorenem Posten standen? Zudem fällt es auf, daß sich selbst traditionell konservative Kreise, sonst eifrige Befürworter des technischen Fortschritts, dem landesweiten Protest angeschlossen haben (Jäger- und Anglerverbände, Bauern, Adlige). Ganz offenkundig wird mit dem geplanten Zugriff auf die Loire eine sensible Stelle im Empfinden der französischen Nation berührt, ein Lebensnerv. Der Grund dafür liegt auf der Hand: Das Loiretal ist als Schauplatz von Ereignissen, die für die Geschichte des Landes und das Selbstverständnis Frankreichs schicksalhafte Bedeutung haben, ein Feld nationaler Identifikation; und damit darf man gerade in Frankreich nicht nach Belieben umspringen.

DIE GROSSEN EPOCHEN DER VIER PROVINZEN

Im 5. Jahrhundert n. Chr., noch vor dem Zusammenbruch des weströmischen Imperiums, kristallisierte sich das Loiretal als ein wichtiges Zentrum der Christianisierung in Gallien heraus. Der heilige Martin, der als Schüler des heiligen Hilarius aus Poitiers kam, wurde im Jahr 371 zum Bischof von Tours gewählt. Sein Grab – Martin starb 397, im Jahr der Erhebung des Christentums zur offiziellen Staatsreligion – wurde alsbald ein Wallfahrtsmagnet und im Mittelalter zugleich Nationalheiligtum der Franken. Zu dieser Zeit waren bereits die Germanenvölker in Bewegung geraten. Unter ihrem Ansturm zerbrach das römische Reich, und es hoben die Jahrhunderte der völligen Neuordnung Europas an.

Orléanais und Anjou – Stammlande königlicher Geschlechter

In dem Jahrtausend zwischen 500 und 1500 fielen den einzelnen Landschaften entlang der Loire nacheinander führende Rollen zu, wobei immer eine andere Provinz zum Brennpunkt der Großmachtpolitik wurde.

Den Reigen eröffnete das Orléanais. Nachdem sich die Franken seit Mitte des 5. Jahrhunderts schrittweise von ihrem angestammten Siedlungsgebiet (im Raum des heutigen Belgien) nach Süden ausgedehnt hatten, vollzog sich unter der Regierung Chlodwigs die Festigung der fränkischen Herrschaft in ganz Gallien. In den wiederholten Teilungen und episodenhaften Wiederzusammenschließungen der merowingischen Herrschaftsgebiete nahm das Orléanais alsbald eine Schlüsselstellung ein, die es über Jahrhunderte zu behaupten wußte. Nicht nur die Karolinger, auch noch deren Nachfolger aus der Kapetingerdynastie gaben Orléans, wohl wegen seiner zentraleren Lage, meist den Vorzug gegenüber Paris. Erst mit dem Erstarken der königlichen Zentralgewalt im 12. Jahrhundert verloren Orléans und das Orléanais diesen Rang.

In einer Art Stafettenlauf der Loirelandschaften durch die Jahrhunderte konnte im 11. Jahrhundert das Anjou eine wichtige Position beziehen. Von seiner Hauptstadt Angers aus hatte zu dieser Zeit der streitbare Graf Fulco Nerra bereits in zahllosen Lokalfehden gegen die Nachbarn ein stabiles Fürstentum geschmiedet. In Verbindung mit einer klug inszenierten Heiratspolitik führte dies schließlich dazu, daß das Anjou zu einer europäischen Großmacht aufstieg: Gottfried, einer der Nachfahren Fulcos, ehelichte Mathilde, die Witwe des deutschen Kaisers Heinrich V. Diese brachte, dank ihrer Herkunft, zugleich englisches Erbgut in die Verbindung mit ein, denn sie war eine Enkelin Wilhelms des Eroberers. Gottfried wird als der eigentliche Stammvater der Anjoudynastie angesehen. Aus seiner Angewohnheit, sich einen blühenden Ginsterzweig (lateinisch: planta genestae) an den Hut zu stecken, ist der Name des Herrscherhauses, der Plantagenets, herzuleiten. Seit der Mitte des 12. Jahrhunderts trugen die Plantagenets für rund drei Jahrhunderte die Krone Englands.

Der Sohn Gottfrieds, Heinrich, setzte die Politik seiner Vorgänger konsequent fort. Heinrich gebot, als er die Nachfolge des Vaters antrat, bereits über die Grafschaften Maine, Touraine und Anjou sowie die Herzogtümer Normandie und Bretagne. Auf dem nach Beaugency im Jahre 1152 einberufenen nationalen Konzil kam es zu einer der spek-

Links: Die erste Begegnung zwischen Karl VIII. und Anne de Bretagne im Schloß von Langeais 1491. Historisierender Stich des 19. Jahrhunderts.

Rechts: Anne de Bretagne im Kreise ihrer Hofdamen. Sie war nacheinander erst die Frau Karls VIII. und, nach dessen Tode 1498, Ludwigs XII. Stich nach einer zeitgenössischen Miniatur.

takulärsten Eheauflösungen des gesamten Mittelalters. Die Verbindung zwischen dem König von Frankreich, Ludwig VII., und seiner Frau, Eleonore von Aquitanien, wurde mit dem Segen der Kirche wegen angeblicher blutschänderischer Beziehungen zwischen den Ehegatten annulliert. Nur wenige Monate des Anstands waren verstrichen, als Eleonore noch im selben Jahr erneut vor den Traualtar trat, dieses Mal am Arm Heinrichs von Anjou. Eleonore brachte mit ihren südwestfranzösischen Besitzungen – die Herzogtümer Gascogne und Aquitanien, die Grafschaften Toulouse und Auvergne – die damals reichsten Provinzen des Landes in die neue Verbindung mit ein. Auf einen Schlag gebot das Haus Anjou über die Hälfte des heutigen Frankreich. Nur zwei Jahre später, 1154, starb der englische König Stephan ohne direkten Nachkommen, so daß den Plantagenets nun auch noch die Königswürde über England zufiel. Entsprechend erstreckte sich das Reich der Plantagenets von Schottland bis zu den Pyrenäen. Doch sollte dieses Angevinische Großreich, wie es in der Geschichte allgemein genannt wird, keinen langen Bestand haben. Die Zerwürfnisse der Familienmitglieder schwächten den Machteinfluß. Heinrich II. ließ Eleonore zehn Jahre lang einkerkern, die Söhne Gottfried und Heinrich empörten sich gegen den Vater – dann starb 1198 mit Richard Löwenherz, sehr jung, der fähigste unter den vier Söhnen Heinrichs und Eleonores. Dem letzten von ihnen, Johann Ohneland, trotzte der französische König Philipp II. Auguste einen großen Teil seiner festländischen Besitzungen wieder ab (1214, Schlacht von Bouvines). Dennoch blieben auch weiterhin beträchtliche Teile vor allem Südwestfrankreichs unter englischer Oberhoheit.

Frankreich im Hundertjährigen Krieg

Im 14. Jahrhundert kam es durch englische Erbansprüche auf den französischen Thron zum Hundertjährigen Krieg. In dessen Verlauf wurde das Loiretal wiederum wichtigster Schauplatz der Geschichte. 1328 war der letzte Herrscher aus dem Haus der Kapetinger

Jeanne d'Arc, die heilige Johanna, erobert das von Engländern besetzte Orléans. Historisierendes Wandgemälde von J.E. Lenepveu im Pariser Panthéon (um 1870).

Wandteppiche wie dieser hingen in vielen Schlössern an der Loire. Sie dienten einerseits dekorativen Zwecken, andererseits hielten sie Luftzug und Kälte ab. Der Mille-fleurs-Teppich «Aufbruch zur Jagd» stammt von Anfang des 16. Jahrhunderts und ist heute in Paris im Musée de Cluny zu sehen.

Links: Karl VII. (1429–1461), den Johanna von Orléans 1429 zur Krönung nach Reims geführt hatte. Porträt von Jean Fouquet (ca. 1420 bis ca. 1480), der als der erste Renaissancemaler der französischen Kunst gilt.

Rechts: Agnès Sorel (um 1422–1444), die Mätresse Karls VII. Ihr Grab befindet sich heute im Schloß von Loches. Bildnis der Agnès Sorel als Maria mit Kind, um 1450.

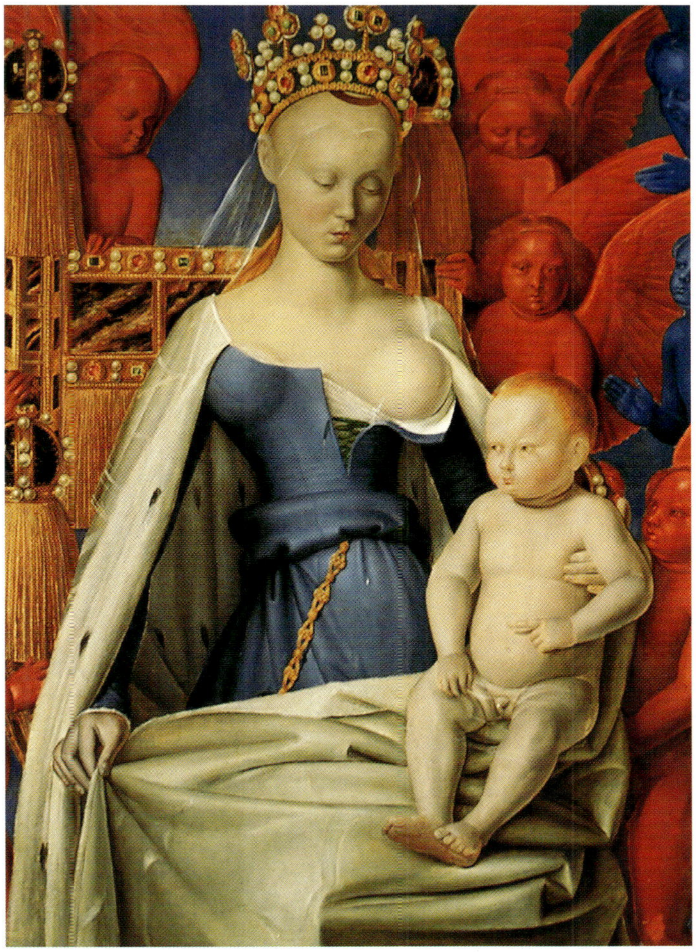

ohne männlichen Erben gestorben. Damit entstand eine Situation, welche die Juristen vor eine schier unlösbare Aufgabe stellte. Mit Philipp von Valois und Eduard II. von England gab es zwei Thronanwärter, die durch ihre Blutsverwandtschaft mit dem letzten Kapetinger einen gleichermaßen begründeten Anspruch auf die französische Krone besaßen. Als alle Diplomatie um die Thronfolge scheiterte, sollten 1338 die Waffen entscheiden. Anfangs eilten die Engländer, bedingt durch technische Überlegenheit und größere Disziplin in der Kriegsführung, von einem militärischen Erfolg zum nächsten. Obwohl Frankreich Schritt um Schritt an Boden verlor, war eine eindeutige Entscheidung nicht in Sicht. Als aber England ein Bündnis mit den Burgundern einging, schien das Schicksal Frankreichs endgültig besiegelt. Zuletzt fiel sogar Paris in die Hände der Feinde.

Im 15. Jahrhundert bestand Frankreich nur noch aus einem Schrumpfterritorium mit dem Herzogtum Berry, der Grafschaft Poitou und einem Teil des Loiretals. Die endgültige Entscheidung suchten die Engländer vor Orléans. Mit dieser letzten, wichtigen Bastion des französischen Königtums hätten sie den Schlüssel für das gesamte Loiretal in die Hände bekommen, Frankreich wäre unweigerlich englisches Lehen geworden. Auf diesem kritischen Höhepunkt bahnte sich die Wende an. Sie kam in Gestalt der Jungfrau Johanna aus dem lothringischen Domrémy. In Chinon gelang es dem von seiner göttlichen Mission erfüllten Mädchen, den zögerlichen Thronanwärter zu überreden, eine kleine Streitmacht ihrem Befehl zu unterstellen. In Eilmärschen zog Johanna gegen das von Engländern belagerte Orléans, nutzte die Überraschung auf Feindesseite und befreite es schließlich am 8. Mai 1429 aus der bedrohlichen Umklammerung. Noch im Juli desselben Jahres geleitete Johanna den Dauphin nach Reims, zur traditionellen Krönungsstätte, wo er als Karl VII. zum französischen König gesalbt wurde. Obwohl Johanna im Frühjahr 1430 den Engländern durch Verrat in die Hände fiel und im Jahr darauf als vermeintliche Hexe in Rouen verbrannt wurde, war der von ihr eingeleitete Siegeszug nicht mehr aufzuhalten. Alsbald erkannten auch die Burgunder die gewandelten Verhältnisse und versöhn-

Links: Franz I. aus dem Haus Valois-Angoulême, der Bauherr von Chambord. Porträt von François Clouet (ca. 1510–1572).

Rechts: Claude de France, die Tochter der Anne de Bretagne und Ludwigs XII. Als Frau Franz' I. war sie von 1515 bis zu ihrem frühen Tod 1524 Königin von Frankreich. Nach ihr sind die Reineclauden benannt. Zeitgenössisches Porträt.

ten sich mit Frankreich. Ihres wichtigsten Bundesgenossen beraubt, wichen die Engländer nun schrittweise zurück, bis der Krieg schließlich, nach der letzten Schlacht bei Castillon an der Dordogne (1453), im Sande verlief. Das vielleicht entscheidenste Ergebnis dieser letzten Kriegsjahre ist es gewesen, daß sich Frankreich, dessen lokale Fürsten zuvor immer in Hader miteinander lebten, erstmals als Nation begriff. Der Schmelztiegel, in dem es zu diesem neuen Selbstverständnis kommen konnte, war das Tal der Loire.

Blésois und Touraine – Lieblingsprovinzen des Hauses Valois

Als weiteres Resultat der langen Kriegszeit brach nach dem Orléanais und dem Anjou nun die große Stunde von Blésois und Touraine als Lieblingsprovinzen der Könige an. Die Herrscher aus dem Haus Valois hielten, da sie sich mit Paris nicht anfreunden konnten, ihren Residenzen an der Loire die Treue. Bereits Ludwig XI., der Sohn und Nachfolger Karls VII., widmete sich voller Elan dem Wiederaufbau des Landes, das durch Kriegszerstörung, Hungersnöte, soziale Unruhen und Epidemien verwüstet war. Er stellte durch seinen Verbleib an der Loire den Nachfolgern die Weichen. Karl VIII. gab seinem Willen zu einem dauerhaften Verweilen an der Loire mit dem Bau des Schlosses in Amboise greifbare Gestalt. Zugleich gelang es Karl VIII., die Vormachtstellung der Krone weiter auszubauen, indem er die Ehe mit Anna einging, der Erbin der bis dahin autonomen Bretagne. So wichtig war dem König dieser territoriale Zuwachs, daß Anne de Bretagne in einem alle Eventualitäten berücksichtigenden Ehekontrakt darauf verpflichtet wurde, falls Karl vor ihr und ohne Nachkommen stürbe, seinen Nachfolger zu ehelichen. Und genau dieser Fall trat ein: 1498 stieß der König in Amboise auf dem Weg zu einem Ballspiel, dem er als Zuschauer beiwohnen wollte, so heftig gegen einen niedrigen Türsturz, daß er sich einen Schädelbruch zuzog. An den Folgen dieses Unfalls starb er noch in derselben Nacht – ohne einen Sohn zu hinterlassen. Da mit Karl VIII. die Stammlinie des Hauses Valois

Grabmal der beiden schon im Kindesalter verstorbenen Söhne Karls VIII. und der Anne de Bretagne. Das aus dem Umkreis des Bildhauers Michel Colombe stammende Denkmal, das ursprünglich in der Martinsbasilika in Tours aufgestellt war, befindet sich heute in Tours in der Kathedrale Saint-Gatien.

ausgestorben war, folgte ihm mit Ludwig XII. ein Anwärter aus der Seitenlinie Valois-Orléans. In wortgetreuer Erfüllung des mit Karl VIII. geschlossenen Ehevertrags heiratete Anne de Bretagne nun Ludwig XII. Darf man den zeitgenössischen Quellen Glauben schenken, dann war diese Verbindung, obwohl aus reinem machtpolitischen Kalkül heraus geboren, sehr harmonisch und durch Liebe der Gatten zueinander geprägt. Dennoch blieb auch dieser Ehe der ersehnte männliche Stammhalter versagt. 1499 wurde aber eine Tochter geboren, Claudia, bekannt unter dem Namen Claude de France, die dank der eigens für sie gezüchteten und nach ihr benannten Reineclauden unsterblich geworden ist. Als ihr Vater 1515 starb, stellte sich, wie schon beim Tode Karls VIII., die Frage der Nachfolge auch für das Haus Valois-Orléans. Noch aber hatten die Valois infolge ihrer dynastischen Verästelungen ein weiteres Reservoir: das Haus Valois-Angoulême, das auf einen der Söhne Johanns des Guten zurückging. So kam ganz unvermutet der junge Franz I. aus Cognac-Angoulême zur Königswürde. Was lag da näher, als Claude und den neuen König miteinander zu vermählen? Zudem unterstrich diese Verbindung die Legitimität des Herrschaftsanspruchs Franz I. Doch lange sollte auch diese Ehe nicht währen. Mit erst fünfundzwanzig Jahren verschied Claude de France, ausgezehrt von der Vielzahl ihrer Schwangerschaften, denn in nur acht Ehejahren hatte sie sieben Kinder zur Welt gebracht. Franz I. führte das Haus Valois auf die Höhe seines Ruhms, wofür die Schlösser von Blois und Chambord steinerne Zeugen sind. Unter seiner Regierung legte der Hof die letzten Relikte des Mittelalters ab. Hatten zum Beispiel die Frauen bislang ein Dasein am Rande einer reinen Männergesellschaft geführt, so wurden sie jetzt in das Leben bei Hofe stärker einbezogen, erlebten also die Aufwertung von der Frau zur Dame, während sich gleichzeitig die Männer in ihrer neuen Rolle als Höflinge zu Kavalieren wandelten. Den traditionellen Vergnügungen der Könige, allen voran der Jagd, gesellten sich unter dem Einfluß Franz I. prunkhafte Bälle und unterschiedliche kulturelle Veranstaltungen hinzu. Die bildenden Künste und die Wissenschaften erfuhren einen Zuwachs an Achtung.

Diese Entwicklung ist nur vor dem Hintergrund der heraufziehenden Renaissance und politischer Ränke begreiflich, die zum Auslöser der weiteren Entwicklung wurden. Bereits seit der Ehe zwischen Ludwig I. von Orléans und Valentina Visconti bestanden dynastische Verbindungen zwischen dem Haus Valois und Mailand. Als Franz I. als Urenkel dieser Verbindung seine Erbansprüche auf Teile Oberitaliens geltend machte, mußte es notgedrungen mit dem deutschen Kaiser zum Konflikt kommen. Dieser betrachtete seit der Zeit Karls des Großen Norditalien als zum Heiligen Römischen Reich Deutscher Nation gehörig. 1525 wurde die Kontroverse auf dem Schlachtfeld von Pavia ausgefochten. Franz I. verlor diesen aufwendigsten Waffengang des gesamten 16. Jahrhunderts und geriet in die Gefangenschaft Karls V. Es bedurfte der Vermittlung seiner einflußreichen Schwester, der Margarethe von Angoulême, ihn wieder aus der Haft in Madrid zu befreien. Die Abtretung Neapels, Mailands, aber auch Burgunds, war der hohe Preis, den der König dem Habsburger dafür zu bezahlen hatte.

Seither sollte die Frage der Herrschaft über Burgund ein Hauptthema der europäischen Politik und ballastreiches Erbe in der Auseinandersetzung zwischen den Häusern Habsburg und Bourbon werden. In zwei weiteren Kriegen versuchte Franz I., seinen Traum von einem europäischen Großreich unter französischer Hegemonie gegen Karl V. zu verwirklichen. Letztlich war aber allen diesen Anstrengungen kein Erfolg beschieden. Auch sein Gegenspieler auf habsburgischer Seite mußte, ungeachtet seiner Erfolge über Frankreich, ein Scheitern seiner eigenen Großmachtpolitik hinnehmen. Das historische Fazit dieser Epoche ist der Triumph der Nationalstaatlichkeit gegenüber der Idee von Universalreichen. Wenn also auch die italienischen Eskapaden Franz I. zu keinem politischen Erfolg führten, so kam es doch andererseits durch die direkte Begegnung mit Italien in kultureller Hinsicht zu einer fruchtbaren Entwicklung. Das erklärt, weshalb Franz I. nicht so sehr als große Herrscherpersönlichkeit, sondern eher als Bauherr und Mäzen in die Geschichte eingegangen ist. Unter anderem gelang es ihm, herausragende Persönlichkeiten der italienischen Renaissance an die Loire zu ziehen: So etwa Primaticcio, Benvenuto Cellini und, vor allen anderen, Leonardo da Vinci, der in Amboise einen erfüllten Lebensabend verbrachte.

Glanz und Schrecken – diese zwei Gesichter des 16. Jahrhunderts – halten an den Ufern der Loire unter den Nachfolgern Franz I. einander die Waage. 1547 trat Heinrich II. die Nachfolge seines Vaters an. Er war zuvor mit Katharina de Medici verheiratet worden, eine reine Zweckehe, wie sie für das Feudalzeitalter an der Tagesordnung war. Nur ging es in diesem Fall nicht um territorialen Zuwachs, wie sonst üblich, sondern um eine Aufbesserung der Staatskassen, die Franz I. mit Regelmäßigkeit für seine kühnen Projekte hatte ausbluten lassen. Der florentinischen Kaufmannsfamilie stand im Gegenzug ein großer Prestigezuwachs ins Haus. Mit der dicklichen Katharina hatte Heinrich II. allerdings wenig im Sinn. Er verströmte seine Gefühle vielmehr an die sagenumwobene Diana von Poitiers, in die er sich bereits als Neunzehnjähriger verliebt hatte – Diana war damals Mitte dreißig. Der Haß zwischen den beiden Rivalinnen gehört ebenso zum Repertoire der Loiregeschichte wie die große Politik. Solange Heinrich II. zwischen beiden stand, waren Katharina die Hände gebunden. Sie mußte mit ansehen, wie der König unter anderem eine Steuer auf alle im Königreich klingenden Glocken erhob, um mit den Einnahmen die aufwendigen Bedürfnisse seiner Mätresse zu befriedigen – eine Episode, die Rabelais mit beißendem Spott kommentierte. Als Heinrich aber durch einen tragischen Unfall mit gerade erst einundvierzig Jahren aus dem Leben schied – ein Lanzensplitter hatte sich ihm bei einem Turnier ins Auge gebohrt und rasch zu einer tödlichen Infektion geführt – konnte die Mediceerin ihren über Jahre aufgestauten Groll ungezügelt ausleben: Sie konfiszierte den Lieblingsbesitz ihrer Nebenbuhlerin, das Schloß Chenonceaux, und verbannte sie in die düsteren Mauern der Burg von Chaumont.

In den Jahrzehnten zwischen 1550 und 1590 wurde die machthungrige Katharina de Medici, obwohl formell nacheinander ihre drei Söhne regierten, die eigentliche Drahtzieherin der Politik, die sich zunehmend im Spannungsfeld zwischen den miteinander

Oben: Die Ermordung des Herzogs von Guise im Schloß zu Blois; Gemälde von Paul Delaroche, 1834/35. Herzog Heinrich von Guise wurde 1588 auf Veranlassung König Heinrichs III. ermordet – er war zu mächtig geworden.

Unten: Eine berühmte Sterbeszene – Leonardo da Vinci schließt in den Armen Franz' I. für immer seine Augen (im Mai 1519). Die sterblichen Überreste des Universalgenies wurden in der Schloßkapelle von Amboise beigesetzt. Gemälde von Jean Auguste Dominique Ingres.

Nächste Doppelseite: Rauschendes Fest am Hof der Valois. Die Feste zur Zeit der letzten Herrscher aus diesem Haus waren ausschweifend und von nahezu unvorstellbarer Prachtentfaltung. Gemälde, anonymer französischer Maler, 16. Jahrhundert.

Diana von Poitiers war nacheinander die Mätresse Franz' I. und seines Sohnes Heinrich II. Nach dessen tragischem Tod wurde sie vom Hof verbannt. «Diana als Jägerin», mutmaßliches Porträt der Diana von Poitiers, Gemälde um 1550, Luca Penni (gestorben 1556) zugeschrieben.

Links: Heinrich II. d'Albret, König von Navarra, Vater der Jeanne d'Albret und Großvater König Heinrichs IV. von Frankreich. Porträt von François Clouet.

Rechts: Katharina de Medici. Die 1519 in Florenz geborene Tochter aus dem toskanischen Finanzadel wurde 1533 Ehefrau Heinrichs II. Nach dessen Tod führte sie stellvertretend für ihre drei Söhne die Regierungsgeschäfte. Sie starb 1589 in Blois.

verfeindeten Religionen bewegte. Auf katholischer Seite waren die Herzöge aus dem lothringischen Haus Guise federführend, die bald unverhohlen ihre Ambitionen auf die Krone erkennen ließen. Auf der protestantischen Seite, bei den Hugenotten, sind der Admiral Coligny, der Prinz von Condé und Jeanne d'Albret, die Königin von Navarra, besonders hervorzuheben. Katharinas vermeintlicher Haß auf die Protestanten hält der genauen historischen Betrachtung nicht stand. Anfänglich hatte die Königin durchaus die Verständigung gesucht, nicht zuletzt, um sich der Hilfe der Hugenotten gegen die arroganten Guise zu versichern. Doch wollten diese sich letztlich nicht den sehr egoistischen Motiven der Königin anschließen.

Es ist Katharinas persönliche Tragik, daß sie trotz dreier Söhne den Niedergang des Geschlechts der Valois mitansehen mußte. Franz II. starb unmündig nach nur einem Jahr formeller Herrschaft; Karl IX. brachte es immerhin auf vierzehn Regierungsjahre, doch auch er vermochte es nicht, aus dem Schatten der übermächtigen Mutter hervorzutreten. In seine Regierungszeit fällt das Massaker der Bartholomäusnacht (24. August 1572), dem mehr als 15 000 Hugenotten zum Opfer fielen. Auch für diesen Frevel hat Katharina de Medici vor der Geschichte verantwortlich zu zeichnen. In einem geschickten Schachzug hatte sie zuvor Heinrich von Navarra, den Sohn der Jeanne d'Albret, an sich gebunden, indem sie ihn mit ihrer Tochter Margarethe verheiratet hatte. Heinrich III., der jüngste unter den Söhnen der Katharina, hatte 1573 zunächst die Wahl zum König von Polen angenommen, kehrte jedoch nach dem Tod Karls IX. rasch an die Loire zurück, um den vakant gewordenen Thron Frankreichs einzunehmen. Er wurde alsbald zum Spielball der Herzöge des Hauses Guise, deren Ziel, die Herrschaft an sich zu reißen, immer offener zu Tage trat. Im Dezember 1588 griff Heinrich III. zum letzten Mittel, indem er den Herzog von Guise sowie dessen Bruder, den Kardinal von Lothringen, in Blois ermorden ließ. Kaum noch beachtet starb wenige Tage später, Anfang Januar 1589, ebenfalls in Blois, die Königinmutter Katharina de Medici. Der König suchte nun in Heinrich von Navarra einen Verbündeten. Nach den spektakulären Morden an den Häuptern der katholischen Liga galt es, eines Aufstandes der Bürger von Paris Herr zu werden. An der Seite des jungen Königs von Navarra, seines Schwagers, ritt Heinrich III. gegen die unbotmäßige Stadt, der die Valois grundsätzlich mit Zurückhaltung begegnet waren. Doch noch vor Erreichen der Stadt ereilte den König sein Schicksal: Im Lager bei Saint-Cloud traf ihn der Dolch eines fanatischen Dominikanermönchs. In den Armen seines Schwagers, dem er die Nachfolge anvertraute, verstarb dieser glücklose Herrscher.

Mit dem Thronerbe durch Heinrich von Navarra hatte noch wenige Jahre zuvor, als das Haus Valois auf drei Stammhalter blicken konnte, kein Mensch gerechnet. Der Mord an Heinrich III. zog jedoch den Schlußstrich unter das Kapitel der Valoisdynastie; die Nachfolge für das Geschlecht der Bourbonen war frei. Das dynastische Erbfolgerecht des Feudalzeitalters hatte dafür den Weg geebnet. Margarethe von Angoulême, die Schwester Franz I., war mit dem König von Navarra verheiratet. Aus dieser Verbindung stammte Jeanne d'Albret, die ihrerseits die Ehe mit dem leichtlebigen Anton von Bourbon einging. Deren beider Sohn war Heinrich von Navarra, der 1589 als Heinrich IV. auf den französischen Thron kam und damit die Reihe der Bourbonenkönige eröffnete. Als das markanteste Ereignis aus der Regierungszeit dieses Königs, der als der populärste Herrscher Frankreichs in die Annalen eingegangen ist, gilt der Erlaß des Edikts von Nantes im Jahre 1598, das den Protestanten die freie Religionsausübung einräumte. Damit war der Schlußstrich unter das unselige Kapitel der Religionskriege gezogen, das die gesamte zweite Hälfte des 16. Jahrhunderts in Atem gehalten hatte.

Zugleich schließt sich aber auch mit dem «bon Henri» der Vorhang über dem Loiretal. Für den Bourbonen, dessen Heimat die Pyrenäen waren, gab es keinen vernünftigen Grund, an den Loireschlössern festzuhalten, die für ihn ohnehin mit trüben Erinnerungen behaftet waren. Ihn zog es nach Paris, das erst seit dem anbrechenden 17. Jahrhundert für sich in Anspruch nehmen kann, die unangefochtene Metropole des Landes zu sein, eine Rolle, die möglicherweise, bei einem Fortbestehen der Valoisdynastie, Blois hätte zufallen können.

So aber teilten die Landschaften des Loiretals bald das Los praktisch aller französischen Provinzen, die mit der immer stärker werdenden Zentralisierung des Landes unter den Nachfolgern Heinrichs IV. mehr und mehr in Bedeutungslosigkeit absanken. Diese Entwicklung führte dazu, daß die Regionen des Loiretals im 19. Jahrhundert dramatisch verarmten. In Orléans, Tours und Angers schlossen zahlreiche Manufakturen. Desungeachtet blieb das Loiretal ein Schauplatz, auf dem sich mit Regelmäßigkeit das Schicksal der Nation entschied. Als 1793 in der Vendée ein Aufstand gegen den Konvent ausbrach, wurden die entscheidenden Schlachten zwischen Republikanern und Royalisten im Anjou geschlagen. Erst der Sieg über die Vendéer sicherte der jungen Republik ihren Fortbestand. Sowohl im Ersten wie auch im Zweiten Weltkrieg bildete das Tal der Loire die Schneise, auf der die Aliierten ins Innere Frankreichs vordrangen, um das Land von seinen Besatzern zu befreien. Sollte es in unseren Tagen den Verfechtern einer menschlicheren Umwelt gelingen, den Sieg über profitbesessene Technokraten davonzutragen, so würde es wiederum dem Tal der Loire zufallen, dem Buch der französischen Geschichte ein neues gewichtiges Kapitel hinzuzufügen.

KLEINE KUNSTGESCHICHTE DER SCHLOSSARCHITEKTUR

Aus der Normandie kamen im frühen Mittelalter entscheidende Neuerungen sowohl für die sakrale Architektur als auch für den Bereich des profanen Bauens. Nachdem die Normannen Anfang des 10. Jahrhunderts endgültig in Westfrankreich seßhaft geworden waren, erkannten sie rasch die technischen Vorteile, die ihnen der mittelmeerisch-lateinische Steinbau gegenüber ihrer traditionellen Holzbauweise bot: Stabilität und Haltbarkeit. Sie hielten jedoch an bestimmten Grundtypen fest, übertrugen aber ihre Bauformen vom Holz in das beständigere Material des Steins.

Fortsetzung Seite 49

Trotz eines Umbaus in der Renaissance hat das Schloß von Sully-sur-Loire noch weitgehend das Aussehen einer typischen Wehrburg des Mittelalters bewahrt. Dazu trägt wesentlich die Lage inmitten des Wassers bei. Unter der großen spitzen Bedachung verbirgt sich ein raffinierter Dachstuhl aus Kastanienholz von 1363, der als das schönste Gebälk des französischen Mittelalters gilt.

Nächste Doppelseite: Blick von der Kathedrale Sainte-Croix auf Orléans und die 1840 entstandene Rue Jeanne d'Arc. Diese Straße, zum Gedenken an die Befreiung Frankreichs im Hundertjährigen Krieg durch die Jungfrau von Orléans angelegt, bildet seither die repräsentative Hauptachse der Stadt.

PIANOS

Erst zwischen 1767 und 1829 entstand die Westfront der Kathedrale Sainte-Croix in Orléans. In dem konsequenten Festhalten am Stil der Gotik hat sich das Verständnis dieses Bauwerks als eines nationalen Denkmals nachdrücklich niedergeschlagen.

Die Place du Martroi in Orléans wurde im Zweiten Weltkrieg stark beschädigt. Heute bilden die wiederhergestellten Häuser, die das Reiterstandbild der heiligen Johanna umgeben, wieder eine architektonische Einheit.

Am Abend herrscht wieder Ruhe in der Großstadt Orléans.

Dacherker, Lukarnen genannt, gehören mit ihren reichen Fensterrahmungen zu den Schmuckaufbauten von Chambord. Der Buchstabe F (Kürzel für Franz I.) und die Königskrone – hier über dem Fenster im Bild links – finden sich in unterschiedlichen Größen als königliches Emblem überall am Schloß.

Ein rechteckiger (unvollendeter) Gebäudegürtel umschließt den Donjon genannten Haupttrakt des Schlosses von Chambord. Hier ein Blick nach Süden von einem der Balkone aus.

Ein fast 6000 Hektar großer Park umgibt das Schloß Chambord, der jahrhundertelang den Königen als Jagdgrund diente. Der gewaltige Gebäudekomplex, in der ersten Hälfte des 16. Jahrhunderts entstanden, sollte erhabene Herrscherwürde verkörpern.

Der Aufgang zur Aussichtsterrasse mitten im Schloßkomplex von Chambord ist filigran und licht gearbeitet. Die Trennung zwischen Innenraum und Außenwelt scheint aufgehoben.

Die doppelte Wendeltreppe im Zentrum des dreigeschossigen Donjons, auf der Hinauf- und Herabsteigende einander nicht begegnen, bildet das Herzstück von Chambord. Der Entwurf zu dieser Treppe soll von Leonardo da Vinci stammen, der seine letzten Lebensjahre in Amboise verbrachte.

Die Schloßkapelle im Nordwestturm erhielt ihr heutiges Aussehen erst unter Ludwig XV. Chambord wurde in der Revolutionszeit geplündert. Die spärliche Ausstattung entstammt entsprechend ausschließlich jüngerer Zeit.

Nächste Doppelseite: Chambord ist als Spiegelbild der idealen Herrschaft des Königs gedacht. Die 440 Räume addieren sich zu einem wahren Schloßlabyrinth. Gekrönt wird alles von mehr als 1000 Türmen, Schornsteinen und Lukarnen.

Das Schloß von Châteaudun am Loir, einem Nebenfluß der Sarthe. Nach außen zeigt der Bau das Gesicht einer mittealterlichen Festung, der Innenhof erhielt sein heutiges Aussehen erst in der Renaissance.

Châteaudun: Die Treppe im sogenannten Longueville-Flügel ist mit Renaissance-Ornamenten verziert, die sie auch auf ihrer Außenseite, zum Innenhof hin, schmücken.

Der runde Wohnturm von Châteaudun ist einer der ersten Donjons dieses Typs und zugleich einer der besterhaltenen aus dem 12. Jahrhundert (im Bild rechts). In seinem Schutz duckt sich die spätgotische Schloßkapelle mit reicher Ausstattung im Innern.

Nächste Doppelseite: Blau, Gold und Rot, die Familienfarben der einstigen Schloßherren, bestimmen die Räume von Cheverny, das auch jetzt noch bewohnt wird. Heutiger Besitzer ist der Marquis de Vibraye.

Das Schloß Cheverny ist ein eindrucksvolles Beispiel dafür, in welchem Maße die profane Baukunst der Barockära als repräsentative Architekturkulisse gestaltet wurde. Während die Hauptansicht ein breit hingelagertes Ensemble von insgesamt fünf Trakten zeigt, offenbart die extrem schmale Seitenansicht, daß das Gebäude lediglich die Tiefe eines einzigen Zimmers besitzt.

Dies ist zugleich die Geburtsstunde der ältesten Feudalarchitektur des Mittelalters, die rasch in allen Provinzen Frankreichs Verbreitung fand. Gemeint ist der Donjon, im Deutschen Bergfried genannt. Dabei handelt es sich um einen blockhaft geschlossenen Turm über meist rechteckigem Grundriß. Am Außenbau besitzt der Donjon nur geringe Spuren einer Gliederung, so daß in der Regel auf die Zahl der Geschosse im Innern nur anhand der übereinander gereihten schmalen Fensteröffnungen geschlossen werden kann. Die Stockwerke, normalerweise waren es drei, seltener vier, waren untereinander nur durch hölzerne Leitern verbunden. Der Grund dafür liegt nicht etwa in der mangelnden Kenntnis der Treppenbautechnik, sondern im Sicherheitsdenken der frühmittelalterlichen Gesellschaft begründet. Sollte es nämlich einem Feind gelingen, ins Innere eines solchen Turmes einzudringen, so hatten die Verteidiger immer noch als letzte Rückzugsmöglichkeit die Obergeschosse zur Verfügung. Der Donjon ist also, außen wie innen, ganz auf Verteidigungszwecke ausgelegt. Dies war in einer Zeit notwendig, in der Kriege nicht weit entfernt in fremdem Feindesland ausgetragen wurden. Lokale Fehden waren an der Tagesordnung, und bewaffnete Auseinandersetzungen zwischen kampflüsternen Nachbarn fanden direkt vor der Haustür statt.

Das Leben in den Donjons war äußerst spartanisch. Das nicht bewohnte Untergeschoß diente der Unterbringung von Handwerkszeug, Haustieren, Waffen und Vorräten. Der Hauptraum lag im ersten Geschoß; hier spielte sich das tägliche Leben ab, wurde gekocht, gespeist und geschlafen. Das Obergeschoß diente meist den weiblichen Hausgenossen als Schlafstatt. Auf diese Weise behielt das väterliche Oberhaupt die Kontrolle über deren Sittsamkeit. War erst einmal die Leiter eingeholt, waren unerlaubte Kontakte ausgeschlossen.

Die Einrichtung war bescheiden. Den Boden bedeckte Stroh. Tische, Betten und Truhen bestanden aus grob bearbeiteten Hölzern. Die beschränkten Heizmöglichkeiten werden dazu beigetragen haben, daß das Leben in solchen Mauern den Bewohnern viele Härten auferlegte. Welch köstliche Abwechslung war es da sicherlich, wenn einmal ein Bänkelsänger, Geschichtenerzähler oder gar ein Trupp von Spielleuten zu Besuch kam. Vor dem Hintergrund dieser Tristesse wird es etwas nachvollziehbarer, daß die Ritter des Frühmittelalters so sehr den Streit als den Mittelpunkt ihres Zeitvertreibs ansahen.

Die ältesten erhaltenen Donjons gehören dem ausgehenden 10. Jahrhundert an. Der von Langeais (heute in den Schloßkomplex integriert) ist um 990 datiert. Im Laufe des 11. Jahrhunderts erfuhr der Wehrbau eine Erweiterung. Die Bevölkerung des Umlandes suchte Schutz in unmittelbarer Nähe des Donjon. Alsbald wurden deshalb die Donjons mit weitgezogenen Mauern eingefaßt. Es entstanden die «Cités», Burganlagen, wie sie heute noch in den Beispielen von Chinon, Angers und Loches erhalten sind. In späteren Zeiten wurden viele Donjons in Erweiterungsbauten einbezogen und sind deshalb in ihrer baulichen Struktur nicht immer klar zu erfassen. Nur noch eine geringe Zahl präsentiert sich weitgehend unverändert. In Beaugency, Loches und Montrichard ist dies der Fall.

Das 12. Jahrhundert brachte wesentliche Fortschritte in der Entwicklung der Burgarchitektur. Der wichtigste Auslöser dafür war die Kreuzzugsbewegung und die mit ihr einhergehende Begegnung mit einem anderen Kulturkreis. Die auffälligste Veränderung der Bauweise um 1200 ist die Vergrößerung der Burg. Sie besteht jetzt nicht mehr allein aus dem Donjon, sondern es werden dem Kernbau weitere Baukörper hinzugefügt. Eine andere wichtige Neuerung dieser Zeit ist das Auftreten der Rundtürme. Hatte der Donjon mit seinen geraden Mauern den Wurfgeschossen eine breite Angriffsfläche geboten, so verringerten die runden Türme die Schlagkraft der Schleudermaschinen. Zudem wurden Wehrgänge und Pechnasen angelegt, um einen Angreifer wirkungsvoll abzuwehren. Zur weiteren Sicherung wurden viele Burgen mit einem Wassergraben umgürtet. Hervorragende Beispiele für den Entwicklungsstand des Hochmittelalters sind die Schlösser von Le Plessis-Bourré, Fougères-sur-Bièvre, Sully-sur-Loire und Chaumont.

Auch im Innern hielt ein neuer Geist Einzug. Im Orient hatte die Ritterschaft eine verfeinerte Wohnkultur kennengelernt, der man umgehend nachzueifern begann. Abgesehen von der differenzierteren Gestaltung des Mobiliars ist hier die wichtigste neue

Blick von Schloß Amboise auf die Loire. Das Schloß in seiner heutigen Form geht auf Karl VIII. zurück, der 1492 mit dem Bau begann. Schon in römischer Zeit standen Wehrbauten auf dem strategisch günstigen Felssporn.

Errungenschaft der Teppich gewesen. Nicht nur die kalten Steinfußböden, auch die oftmals klammen Mauern wurden mit gewebten Stoffen verkleidet, was neben der Verbesserung der Wärmesituation eine behaglichere Wohnatmosphäre mit sich brachte. Allmählich beginnt auch das martialische Äußere der Burgen einem freundlicheren Gesamteindruck zu weichen. Eine Vielzahl von Türmen, Türmchen und Erkern, besetzt mit schmückenden Details, bestimmt das Erscheinungsbild der spätmittelalterlichen Anlagen, wofür Ussé und Saumur besonders prägnante Beispiele sind.

Mit dem Ende des Hundertjährigen Krieges brach eine ganz neue Ära an. Die lokalen Fehden rivalisierender Territorialherren gehörten ohnehin der Vergangenheit an, nun war auch die Bedrohung durch den Feind von außen gewichen. Mithin fiel fortan der Gesichtspunkt der Verteidigung, der bis dahin das Aussehen aller Burgen diktiert hatte, kaum noch ins Gewicht; folglich konnte eine neue Entwicklung beginnen, die noch vor dem Ende des 15. Jahrhunderts den Wandel von der Burg zum Schloß mit sich brachte. Dieser Prozeß fiel zeitlich mit der Entfaltung der Renaissance in Italien zusammen, von der Frankreich, und namentlich die Baukunst des Loiretals, alsbald Impulse aufnahm. Die militärischen Unternehmungen der Könige in Italien, und zwar nicht erst jene Franz I., sondern auch schon die seiner Vorgänger, Karls VIII. und Ludwigs XII., brachten kaum politisches Kapital. Doch in kultureller Hinsicht führte die direkte Begegnung mit Italien und seiner Kunst zu einer Weichenstellung. Beispiele für eine beginnende Auseinandersetzung mit der Renaissance sind die Anbauten Ludwigs XII. am Schloß zu Blois, Amboise und der Innenhof von Chaumont. Die bisherige Vielzahl einzelner Baukörper ist hier einer klaren Ordnung gewichen. Daneben aber lebt das spätgotische Erbe fort in Gestalt verschnörkelter Balustraden, von Ornamenten umspielter Fensterrahmungen und zugespitzter Bekrönungen über Erkern, Fenstern und Türmen. Insgesamt wirken die Bauten der Zeit zwischen 1490 und 1510 ein wenig nüchtern, was nicht zuletzt an der zurückhaltenden Verwendung gliedernder Elemente liegt.

Das Reiterstandbild Ludwigs XII. ist über dem Portal des von diesem König erbauten Flügels von Schloß Blois angebracht. Das Original wurde während der Französischen Revolution zerstört, 1857 setzte man eine Nachbildung an seine Stelle.

In den drei Jahrzehnten der Regierungszeit Franz' I. erlebte die Renaissance eine besonders prachtvolle Entfaltung. Waren die Bauwerke der frühen Renaissance von heimischen Künstlern entworfen worden, so brachte der König jetzt eine Vielzahl von italienischen Künstlern an den Hof. Ihr dortiges Schaffen verband sich mit der traditionellen französischen Sehweise zu einer eigenen Sprache. Blois (der Flügel Franz' I.) und Chambord sind die Hauptvertreter dieser Epoche. Nun werden die klassischen Gestaltungselemente der Architektur – Gesimse, Pfeiler, Pilaster – zur Gliederung herangezogen, so daß die Bauten, trotz ihrer beträchtlichen Größe, eine lebendige Wirkung erhalten. Daneben hält sich aber auch weiter beharrlich der Hang zu einer verschwenderischen Anwendung ornamentaler Details. In der Dachzone von Chambord verdichten sich Hunderte von Fialen, Türmchen, Laternen und Kaminen zu einem Wald aus steinernen Formen. Auch in anderer Hinsicht macht gerade das Beispiel Chambord deutlich, daß die Schloßbauweise in einer festen Tradition steht. Das frühmittelalterliche Prinzip des Donjons als beherrschender Mittelpunkt der Gesamtanlage bleibt weiterhin, wenn auch in gewandelter Form, bestehen. Insgesamt also stellen die Schlösser der Renaissance eine Verschmelzung von aus Italien übernommenen gestalterischen Neuerungen und der bodenständigen Tradition des Loiretals dar.

Neben den Großbauten der Herrscher, die auch den Zweck erfüllen sollten, die Gestalt des Königs zu verherrlichen, tritt in der Zeit Franz' I. eine Vielzahl kleinerer Schlösser, deren Bauherren hohe Beamte des Hofes waren. Auftraggeber waren hier vor allem solche, die die Fäden der Finanzpolitik in ihren Händen hielten. Chenonceaux (der ältere Teil) und das reizende Schloß Azay-le-Rideau sind in diesem Zusammenhang an erster Stelle zu nennen. Gerade diese beiden Beispiele verdeutlichen, daß das Wasser, welches im Mittelalter die Anlage zu Verteidigungszwecken umgab, im 16. Jahrhundert nun zugunsten ästhetischer Aspekte nutzbar gemacht wird. Die Spiegelung der kostbaren Bauwerke in dem sie umschließenden Wasser erhöht ihren optischen Reiz.

Die Wirren der Religionskriege und die Agonie der letzten Valois-Könige führten nach der Mitte des 16. Jahrhunderts zu einem deutlichen Abflauen der Bautätigkeit. In dieser Zeit kam es zur Fertigstellung von Chenonceaux, welches, in deutlicher Anlehnung an venezianische Architektur, gleich einer Brücke die beiden Ufer des Cher miteinander verbindet. Die Glanzwerke der späten Renaissance in Frankreich finden sich bereits nicht mehr im Tal der Loire, sondern, die sich wandelnden politischen Verhältnisse widerspiegelnd, in Paris und in der Ile de France: der Louvre, Anet, Fontainebleau, um nur die wichtigsten zu nennen.

Doch auch nachdem die Könige der Loire den Rücken gekehrt hatten, entstanden noch etliche zum Teil hervorragende Bauwerke. Die weitere Entwicklung der Schloßarchitektur im 17. und 18. Jahrhundert läßt sich ebenfalls im Tal der Loire gut nachvollziehen. Hatte sich Frankreich gegen Ende des 15. und zu Beginn des 16. Jahrhunderts wißbegierig den Anregungen aus Italien geöffnet, so fand der italienische Barock des 17. Jahrhunderts kaum Aufnahme.

Zwar ist insgesamt eine weitere Zunahme der Prachtentfaltung zu beobachten, immer kunstvoller und raffinierter wird die luxuriöse Innenausstattung, doch das bombastische Pathos des römischen Barock blieb den Franzosen fremd. In ihrer eher klassizistischen Haltung erscheinen der Flügel des Gaston d'Orléans am Schloß von Blois oder das bezaubernde Cheverny der Renaissance enger verwandt als dem zur gleichen Zeit in Italien herrschenden Kolossalstil. Man hat deshalb auch treffend für die Bauten des 17. Jahrhunderts den Begriff des «style classique» geprägt. In den Mittelrisaliten (vor die Flucht des Hauptkörpers vorspringender Bauteil) – in Blois im Flügel des Gaston d'Orléans und in Cheverny – lebt zudem, wie ein fernes Zitat, die Erinnerung an den Donjon des Frühmittelalters fort. Das Prinzip, Seitentrakte der Dominanz eines Mittelteils unterzuordnen, ist nicht nur steingewordene Symbolsprache für das Selbstverständnis der hierarchischen Feudalgesellschaft, es weist zugleich alle Burgen und Schlösser entlang der Loire und ihrer Seitentäler als Verwandte einer großen Familie aus.

Schloß Chaumont. Zwei berühmte Französinnen verbrachten einige Zeit in seinen Mauern: Diana von Poitiers, die Mätresse von Heinrich II., wurde von Katharina de Medici gezwungen, ihren Lieblingssitz Chenonceaux gegen Chaumont zu vertauschen, und Madame de Staël diente das Schloß als Zufluchtsort, nachdem sie von Napoleon 1810 aus Paris verbannt worden war. Handkolorierte Lithographie von Laurent Deroy (1797–1886), um 1860.

Diese Ansicht von Schloß Chambord zeigt deutlich die Struktur der monumentalen Anlage. Im Hintergrund ist der Fluß Cosson zu sehen. Franz I., Bauherr von Chambord, ließ ihn aufwendig umleiten, um ihn vom Schloß aus sehen zu können. Handkolorierte Lithographie von Laurent Deroy, um 1860.

Linke Seite:
Oben: Königliche Festtafel im 14. Jahrhundert. Historisierende Darstellung.

Unten links: Schachpartie zur Zeit Ludwigs XI. Miniatur aus dem 15. Jahrhundert. Das Schachspiel wurde um 1050 von den Arabern in Spanien dem christlichen Abendland vermittelt.

Unten rechts: Tafelfreuden in Adelskreisen. Illustration aus dem 16. Jahrhundert.

Rechte Seite:
Oben links: Philipp IV. der Schöne (1268–1314) empfängt Guy de Dampierre. Miniatur aus dem 15. Jahrhundert.

Oben rechts: Aufbruch zur Jagd. Illustration aus dem 15. Jahrhundert.

Mitte: Die Jagd – die über Jahrhunderte beliebteste Freizeitbeschäftigung der Könige. In der Bildmitte zu Pferde: Ludwig XIII. im Kindesalter. Zeitgenössische Darstellung.

Unten links: Höfisches Gelage zur Zeit der Katharina de Medici. Stich nach einem Gemälde von Bernard Amsterod.

Unten rechts: Zeitgenössische Darstellung Heinrichs II. mit seiner Mätresse, der legendären Diana von Poitiers.

LA CHASSE ROYALLE

DIE SAKRALKUNST

Ganz unbestritten sind für viele Besucher die Schlösser das Hauptthema ihrer Reise an die Loire. Obgleich es natürlich sehr wichtig ist, diese in ihrer Bedeutung innerhalb der Kunstgeschichte eingehend darzustellen, macht dieses Buch es sich zugleich zur Aufgabe, auch die sakrale Kunst des Loiretals und den ganzen kulturgeschichtlichen Reichtum dieser Landschaft in seiner faszinierenden Bandbreite zu würdigen. Besonders in der abwechselnden Betrachtung von Schlössern und Kirchen, von profanen und sakralen Bauten, wird deutlich, daß dem Loiretal ein herausragender Platz unter den großen Kunstlandschaften Europas gebührt.

Schon in karolingischer Zeit entwickelten sich hier die Klosterschulen zu kulturellen Hochburgen. Vor allem die aus dem frühen 9. Jahrhundert stammende Kirche in Germigny-des-Prés ist ein kostbares Zeugnis vom hohen Niveau der karolingischen Kunst und eines der ältesten Gotteshäuser Frankreichs. Der in Anlehnung an griechische Vorbilder über zentralem Grundriß errichtete Bau zeigt noch erhaltene Teile seiner Mosaikdekoration. Ein anderes karolingisches Bauwerk findet man weit im Westen, in Saint-Généroux, das fast schon auf der Grenze zum Poitou liegt.

Die eigentliche Blüte des Mittelalters aber war die Epoche der romanischen Kunst. Im 12. Jahrhundert galt der König zunächst noch als «Primus inter pares» (Erster unter Gleichen); mächtige Territorialherren wie die Herzöge von Burgund, der Normandie oder Aquitaniens waren ihm praktisch gleichgestellt. Entsprechend dieser politischen Polyphonie zeigen auch die Provinzen ein jeweils eigenes Profil. Jede größere Landschaft zeichnete sich durch eine regionale Bauschule aus, entwickelte individuelle Vorlieben für plastischen Dekor, Malerei oder Fragen der Baugliederung. Dabei erscheinen die landestypischen Eigenarten jedoch nicht als starre, in sich geschlossene Gebilde. Sie standen alle im Austausch miteinander.

Die genannte Fluktuation bewirkte erst die Ausbildung eines reifen romanischen Stils. In diesem Zusammenhang kam dem Loirebecken eine ganz besondere Aufgabe zu. Es wurde bereits an anderer Stelle betont, daß die Loire einen weniger trennenden als vielmehr verbindenden Einfluß ausübte. Im 12. Jahrhundert wirkte das Loiretal wie ein Trichter, in den unterschiedliche Strömungen einflossen. Grundsätzlich läßt sich für die Baukunst der Romanik festhalten, daß in den Nordprovinzen Frankreichs das basilikale Bauen vorherrschte. Darunter versteht man dreischiffige Kirchen, deren Mittelschiff sich über die Seitenschiffe erhebt. Im Süden dagegen war der Einheitsraum vorherrschend. Hier finden sich einschiffige Saalbauten oder mehrschiffige Hallen, die sich durch einheitliche, gleiche Raumhöhe auszeichnen.

Im Loiretal treten nun diese beiden Bautypen nebeneinander auf: Die Abtei Fontevraud zeigt das nördlichste Beispiel südwestfranzösischer Kuppelbauweise. Saint-Benoît-sur-Loire, der zweite Hauptvertreter der Romanik in dieser Landschaft, ist dagegen eine klassische Basilika. Andernorts begegnet man der im Poitou beheimateten Hallenkirche, etwa in Cunault. Vereinzelt lassen sich auch Einflüsse aus Burgund, aus der nahen Normandie sowie aus der weiter entfernten Auvergne feststellen. Diese Offenheit nach allen Seiten hat lange Zeit verhindert, daß sich im Tal der Loire ein eigener Lokalstil entwickeln konnte.

Zwei frühe Baudenkmäler sind aber dennoch aufzuführen, von denen nachweislich ein beträchtlicher Einfluß ausging. Eines davon ist der Westturm der Abtei von Saint-Benoît-sur-Loire. In der ersten Hälfte des 11. Jahrhunderts entstanden, sollte dieser dem Wunsche seines ehrgeizigen Bauherrn, des Abtes Gauzlin zufolge, «ganz Gallien ein Vorbild» sein; und wurde dies auch tatsächlich. Nachfolger des Westturms von Saint-Benoît findet man bis in die Auvergne und weiterhin im Limousin.

Das andere einflußreiche Bauwerk ist der Chor der zerstörten Martinskirche in Tours, der im 10. Jahrhundert entstanden ist. Etwa zeitgleich mit zwei vergleichbaren Bauwerken in Burgund (Tournus, Saint-Philibert) und in der Auvergne (Kathedrale von Clermont-

Fortsetzung Seite 65

Der Turm der Kathedrale Saint-Louis in Blois. Er stammt noch aus dem 16. Jahrhundert, während die Kirche selbst 1678, nach der Zerstörung durch einen Orkan, wieder aufgebaut wurde. Auch die Altstadt mit ihren engen Gassen und steilen Treppen lohnt einen Besuch.

Im Innern von Blois: Das Akanthus-Ornament findet sich auch auf Gefäßen (hier in Weiß auf blauem Grund). Das antike Motiv der Mittelmeerpflanze ist in der Kunst der Renaissance und des Barock eine beliebte Schmuckform gewesen (links). Der Calvinist Heinrich IV. (1553 bis 1610) war vor seiner Thronbesteigung der Führer der Hugenotten. Um seine Herrschaft zu sichern, trat er, nachdem nach Aussterben der Valois-Dynastie dem Haus Bourbon die Krone zugefallen war, zum Katholizismus über (rechts).

Die spätgotische «Salle des Etats» (Ständesaal) ist der älteste Teil des Schlosses von Blois. Der Raum stammt aus einer Zeit, als Blois noch nicht königlicher Besitz der Valois-Herrscher war.

Die Reiterstatue Ludwigs XII. beherrscht die Nische über dem Eingangstor des Schlosses von Blois. Sie erinnert daran, daß der heute bei Nacht wirkungsvoll angestrahlte Osttrakt des weitläufigen Gebäudekomplexes auf Initiative dieses Königs errichtet wurde.

Bei Tag wie bei Nacht gleichermaßen eindrucksvoll: der Nordflügel des Schlosses von Blois, der im Auftrag Franz’ I. angelegt wurde. Französischer Traditionalismus und Neuerungen der italienischen Renaissance verschmelzen hier zu einer ganz neuen Kunstsprache.

Eines der berühmtesten Denkmäler der französischen Renaissance, der Treppenturm von Blois, den Gustave Flaubert mit den hohen ziselierten, durchbrochenen Kragen der Damen, die hier emporstiegen, verglich.

Überall taucht am Treppenturm von Blois der Salamander, Symbol der Unsterblichkeit, auf. Franz I. hatte ihn zu seinem Wappentier erkoren.

Mit dem wehrhaften Äußeren des Schlosses von Chaumont kontrastiert reizvoll der von drei Flügeln umstellte Innenhof, der sein heutiges Erscheinungsbild in der Renaissancezeit erhielt.

Links:
Im Park des Schlosses Chaumont stehen viele hundert Jahre alte Zedern. Den Charme des Ambiente beschrieben Anfang des 19. Jahrhunderts unter anderem August Wilhelm Schlegel, Benjamin Constant und Adelbert von Chamisso, die auf Einladung der von Napoleon hierher verbannten Madame de Staël in Chaumont weilten.

Rechts:
Eine Ritterrüstung erinnert an jene Zeiten, als Chaumont und andere Burgen oftmals Schauplätze lokaler Fehden und kriegerischer Auseinandersetzungen waren.

Die prächtigen Stallungen von Chaumont wurden 1906 elektrifiziert und zeigen die mit besonderer Hingabe vorgenommene, bestmögliche Versorgung der Pferde des Schloßherrn.

Mit einer Zugbrücke, mächtigen Rundtürmen mit Pecherkern und dem schmalen Durchlaß zum Hof besitzt Chaumont zur Außenseite alle Elemente einer Ritterburg. Das Portal flankieren rechts das Wappen Charles' II. d'Amboise, gehalten von zwei «wilden Männern», links das Wappen Kardinals Georges d'Amboise. Das Schloß wurde von diesen beiden Bauherren etwa 1511 vollendet.

Ferrand) entstanden, war dies eine der ersten Kirchen des französischen Mittelalters mit Chorumgang und radial ausstrahlenden Kapellen. Dieses bauliche Muster sollte in der reifen Romanik zum festen Programm einer jeden Pilgerkirche werden und noch in der gotischen Architektur zahllose Nachfolger finden.

Um die Mitte des 12. Jahrhunderts tritt das Anjou besonders hervor. Im Spannungsfeld des Übergangs von der Romanik zur anbrechenden Gotik mit ihren neuen technischen und ästhetischen Errungenschaften, hat das Anjou einen ganz individuellen Beitrag zur hochmittelalterlichen Architektur geleistet. Es entstand eine ganze Gruppe verwandter Bauten, so daß man zu dieser Zeit nun sehr wohl von einem Schulzusammenhang sprechen kann. Es handelt sich dabei um eine Amalgamierung der romanischen Kuppelbauweise Aquitaniens mit dem Prinzip des gotischen Kreuzrippensystems. Die neue Kirchenbauweise zeigt eine Folge von kuppelähnlichen Gewölben, die durch Kreuzrippen in vier oder sechs Teile zerlegt sind. Doch anders als im klassischen, frühgotischen System, liegen die Scheitelpunkte der Seitenbögen nicht auf derselben Höhe wie der Kreuzungspunkt der Rippen, die sich über diese um bis zu drei Meter erheben. Man spricht hier von «gebusten» Gewölben. Da die Bauten dieser Gruppe (der Hauptvertreter ist die Kathedrale Saint-Maurice in Angers) ausschließlich auf den einstigen Herrschaftsbereich der Plantagenetdynastie beschränkt sind, hat man für sie den Begriff «Angevinischer Stil» oder auch «Plantagenet-Stil» geprägt. Diese Bauweise wich Anfang des 13. Jahrhunderts rasch dem Einfluß der von der Ile de France herüberwirkenden gotischen Kathedralbaukunst. Mit den Beispielen Saint-Gatien in Tours und Sainte-Croix in Orléans entstanden auch im Loiretal hervorragende Beispiele dieses Stils.

In nachmittelalterlicher Zeit hat die sakrale Baukunst nur noch eine untergeordnete Rolle gespielt. Die Epochen der Renaissance und des Barock widmeten sich mit ungeteilter Aufmerksamkeit dem Kapitel der Schloßarchitektur.

Die Skulptur, die in der Romanik Burgunds und der südlichen Landeshälfte so großes Gewicht besaß, hat an den Kirchen des Loiretals nur vereinzelt Niederschlag gefunden. Aufwendigen Portaldekor kennt man nur von Loches (Saint-Ours), wobei es sich dort um ein Werk von Bildhauern, die aus dem Poitou stammten, handelt. Auch das Beispiel der Kapitelle der einstigen Klosterkirche von Ile-Bouchard, die von Künstlern aus der Auvergne gearbeitet wurden, macht deutlich, daß im Tal der Loire offenkundig keine eigenen Bildhauerwerkstätten beheimatet waren.

Sehr viel reicher präsentiert sich dagegen die Gattung der romanischen Wandmalerei, die wiederum im Süden hinter der Skulptur zurückgetreten war. Die Kirchen im Loiregebiet boten den Malern oftmals ein ideales Betätigungsfeld, da sich die Bauwerke nur zögerlich der allgemeinen Entwicklung der romanischen Baukunst anschlossen, deren Ziel es war, die Mauern aufzubrechen und plastisch zu gliedern. Die Wandmalerei, die eine durchgehende Fläche benötigt, wurde durch diese Weiterentwicklung verdrängt. Die wichtigsten Zyklen romanischer Wandmalerei konzentrieren sich in der Touraine. Gerade scheinbar unbedeutende Kirchen frappieren manches Mal durch ihren Freskendekor. Mit der Kapelle von Montoire-sur-le-Loir etwa ist uns das seltene Beispiel eines fast vollständig ausgemalten Kirchenraumes erhalten geblieben.

Eine andere Sparte des mehr kunstgewerblichen Bereichs darf an dieser Stelle nicht unerwähnt bleiben: die Teppichweberei. Denn nicht nur die Burgen wurden mit Wandbehängen wohnlicher gestaltet, auch in vielen Kirchen fanden oftmals ganze Zyklen Aufhängung, sei es, um störenden Luftzug von den Gläubigen fernzuhalten, sei es, um räumliche Unterteilungen vorzunehmen.

Der stattlichste erhaltene dieser Zyklen ist jener, der heute im Schloß Angers aufbewahrt wird und der szenenreich die Begebenheiten der Apokalypse schildert. Teppiche waren zudem im Mittelalter, das sei hier nur am Rande erwähnt, eine beliebte Geldanlage und genossen zudem als diplomatische Geschenke eine hohe Beliebtheit. Doch auch in diesem Metier gilt dasselbe wie für die Architektur: Mit dem zuendegehenden Mittelalter standen die Manufakturen bald nur noch im Sold weltlicher Auftraggeber.

Zu Unrecht steht das Erbe sakraler Kunst des Mittelalters im Tal der Loire im Schatten der Schlösser. Zwischen Gien und Nantes gibt es eine große Zahl hochrangiger Denkmäler von der Karolingerzeit bis in die späte Gotik. Einer der bedeutendsten Bauten der Romanik in Frankreich ist die Abteikirche von Saint-Benoît-sur-Loire. Im Querhaus dieser Kirche liegt Philipp I., gestorben 1108, begraben. Er ist der einzige König von Frankreich, der nicht in der traditionellen Grablege in Saint-Denis beigesetzt wurde.

Die Kathedrale Saint-Maurice in Angers ist ein bedeutendes Beispiel des Angevinischen Stils, der von einer regionalen Bauschule geprägt wurde. Ferner besitzt sie für das Tal der Loire seltene Portalskulpturen. Hoch über dem Portal zwischen den Doppeltürmen befindet sich diese Skulpturengruppe, die die Gefährten des heiligen Mauritius zeigt.

Links: Das besterhaltene Denkmal Frankreichs aus karolingischer Zeit ist die Kirche von Germigny-des-Prés in der Nähe von Saint-Benoît-sur-Loire.

Rechts: In der weiträumigen und schlichten Kirche der Abtei Fontevraud befinden sich die Grabmäler der Plantagenets. Diese schmücken bemalte liegende Figuren von Heinrich II., König von England, seiner Frau Eleonore von Aquitanien, ihrem Sohn Richard Löwenherz sowie Isabella von Angoulême, der Frau ihres zweiten Sohnes Johann Ohneland.

Die «Apokalypse von Angers» ist der umfangreichste aus dem Mittelalter stammende Teppich-Zyklus. Einst 168 Meter lang, addieren sich die 70 erhaltenen Einzelszenen immer noch zu der stattlichen Gesamtlänge von 107 Metern. Diese Szene zeigt die Anbetung des siebenköpfigen Untiers (Apokalypse XIII, 3, 4).

Eine weitere Szene aus der «Apokalypse von Angers»: Der Erzengel Michael und die ihn begleitenden Engel kämpfen gegen den siebenköpfigen Drachen (Apokalypse XII, 8).

Chor und Chorfenster der Kathedrale Saint-Gatien in Tours stammen aus dem 13. Jahrhundert. Die Glasmalereien mit ihren kraftvollen Farben sind der kostbarste Schmuck des Kirchenraums. Dargestellt sind Heiligenlegenden und Bibelszenen.

DAS KÖNIGLICHE TAL IN ERZÄHLUNGEN UND BERICHTEN

Auf der Suche nach Vollkommenheit

Die Straßen von Blois sind leer, das Gras wächst zwischen den Steinen; auf beiden Seiten ziehen sich lange graue Mauern hin, die große Gärten einschließen und hier und da kleine verschwiegene Türen haben, die sich wohl nur geheimnisvollen, nächtlichen Besuchern öffnen. Man fühlt, wie ähnlich hier alle Tage einander sein müssen; aber man weiß auch, daß sie in dieser ruhigen Einförmigkeit sanft verklingen wie das Spiel der Kirchenuhr, voll einer köstlichen Melancholie und tieferregender Sehnsüchte. Gern träumt man in diesen friedlichen Behausungen von irgend einer intimen Geschichte von Tiefe und Größe, von einer krankhaften Leidenschaft, die bis zum Tode währt, von der beständigen Liebe einer frommen alten Jungfer oder einer tugendhaften Frau; unwillkürlich denkt man sich dahin als an den richtigen Platz eine blasse Schönheit mit gepflegten Nägeln und feinen Händen, eine aristokratische Dame von kühlem Benehmen, die an einen Griesgram, einen Geizhals oder einen Eifersüchtigen verheiratet ist und an Auszehrung dahinsiecht.

Ähnliche Gedanken stiegen uns später in Amboise, in Chinon und den andern Städten der Touraine auf; sie legten uns die Frage nahe, ob Balzac, der aus dieser Gegend stammt, da die Urbilder seiner Heldinnen gesehen, ob er dort die «Frau von dreißig Jahren», diese unsterbliche Schöpfung, entdeckt hat! [...]

Auf der Nordseite zeigt das Schloß Blois über mächtigen Mauern eine Galerie doppelter Bögen, die von reizender Wirkung ist; dort befand sich das Zimmer Heinrichs III. Daneben liegt sein Oratorium; das hat an sich nichts Außergewöhnliches, aber es fällt auf bei dieser Seele, deren Wollust sich an der Religion entzündete und deren Grausamkeit sich von der Furcht nährte. Durch ein gewundenes Gewölbe und über den Platz gelangten wir in den inneren Hof des Schlosses. Dort war frohes Leben; jeder Mann der Garnison hatte eine Flasche Wein erhalten, und die Soldaten trugen Krüge, die voll einer blauen Flüssigkeit waren, und rüsteten sich, auf die Gesundheit des Königs zu trinken, dessen Namenstag ihnen diesen Genuß verschaffte. [...] An dem Hauptgebäude liegen die beiden schönsten Treppen der Welt, ein Spitzenwerk, mit lebendiger Hand ziseliert und ganz durchbrochen, wie es die hohen Kragen der vornehmen Damen waren, die vor dreihundert Jahren ihre Stufen emporstiegen. [...]

Außerhalb des Schlosses auf einer Plattform, von wo man die ganze Stadt, die Loire mit ihren Pappeln längs der Ufer und die in sanften, ruhigen Linien zum Horizont ansteigende Landschaft überblickt, sah ich ein Türmchen, das der Garnison als Pulvermagazin dient: hier wohnte Ruggieri, der Astrolog Heinrichs III. Auf der Esplanade hing Wäsche, die Leinen, an denen die Hemden des Pförtners trockneten, liefen im Zickzack nach allen Richtungen; der Posten, der vor der Tür des Pulverhäuschens stand, hatte sein Gewehr darüber gelegt, er schaukelte es dort im Gleichgewicht und spielte mit der Pfanndeckelfeder, während er auf seine Ablösung wartete. – Diese Mauern haben erlauchte Gäste beherbergt: Valentine von Mailand, Isabeau von Bayern, Anna von der Bretagne, Karl VIII., Ludwig XII., Franz I., Claudia von Frankreich, Heinrich III., Catharina und Maria von Medici und die Guises, die dort ihr Blut ließen; es floß an dieser Stelle. [...]

Nachdem das Schloß Blois der Schauplatz der Vermählung des Herzogs von Alençon mit Marguerite von Anjou und der Heinrichs IV. mit Marguerite von Valois gewesen und

Schloß Brissac. Aus diesem Blickwinkel sind die zeitlich differenten Teile der Architektur, der mittelalterliche Turm links und der Wohntrakt aus dem 17. Jahrhundert, leicht voneinander zu unterscheiden. In den Mauern von Brissac kam es zu der denkwürdigen Versöhnung zwischen Ludwig XIII. und seiner Mutter, der Maria de Medici, die zuvor in Blois in Haft gehalten worden war.

die blutige Tragödie der Guises gesehen hatte, stand es andern Schicksalen offen: Maria von Medici wurde dort eingeschlossen und entfloh durch ein Fenster, das noch gezeigt wird; im Jahre 1716 bewohnte es Marie-Casimir, Königin von Polen; im Jahre 1814 flüchtete Marie-Louise nach der Einnahme von Paris dorthin, und heute rauchen hier die jungen Infanteristen ihre Pfeife und singen ihre losen Lieder; die Blutspuren sind getilgt, die Klänge der Sarabanden und Menuette sind verhallt mit dem Lachen der Pagen und dem Rauschen der Schleppen. Was bleibt von alledem, was die Geschichte erzählt? Und von dem, was sie verschweigt? [...]

Am folgenden Tage sahen wir eine verfallene Ruine, nämlich Chambord. [...] Bei unserm Eintritt fing ein junger Hund an zu bellen; der Regen fiel, das Wasser strömte über die Dächer und kam durch die zerbrochenen Fenster herein. [...]

Wir sind durch die leeren Galerien und verlassenen Zimmer gegangen, wo die Spinne ihre Netze über die Salamander Franz I. spannt. Das ist nicht die gewöhnliche Ruine, mit der Pracht schwarzer und grünlicher Trümmer, mit koketten Blumenzieraten und herabhängendem Grün, das im Winde wogt wie Fetzen von Damast. Es ist ein verschämtes Elend, das sein verschlissenes Gewand bürstet und den Wohlanständigen spielen will. In diesem Zimmer bessert man das Parkett aus, im nächsten läßt man es verfaulen. Überall sieht man die vergebliche Mühe, zu erhalten, was hinstirbt, und der Vergessenheit zu entreißen, was entschwunden ist. Seltsam! Das Ganze ist traurig und entbehrt der Größe. [...] Erbaut von Franz I. nach seiner Rückkehr aus Spanien, wo er den schmählichen Vertrag von Madrid unterzeichnet hatte (1526), als ein Denkmal des Stolzes, der sich betäuben will, um seine Niederlagen zu vergessen, wird es zuerst das Exil Gastons von Orléans, eines besiegten Prätendenten; dann macht Ludwig XIV. aus einem einzigen Stockwerk drei und verdirbt so die wunderbare Doppeltreppe, die, spiralig gewunden, in einem Zuge vom Boden bis zum Gipfel führte. Eines Tages spielt hier Molière zum ersten Male den «Bourgeois gentilhomme», im zweiten Stock auf der Seite nach der Front, unter dem schönen, mit Salamandern und gemalten Verzierungen bedeckten Plafond, dessen Farben abbröckeln. [...] Als wir über eine äußere Galerie zur Orleans-Treppe gingen, um die Karyatiden zu sehen, die Franz I., Frau von Châteaubriant und Frau von Etampes darstellen sollen, und als wir um die berühmte Laterne bogen, die die große Treppe abschließt, schauten wir wiederholt über die Balustrade hinab; im Hofe rieb sich ein kleiner Esel an seiner Mutter, die ihn säugte; er schüttelte seine Ohren, schnupperte, sprang auf seinen Hufen. Das war im Ehrenhofe des Schlosses Chambord, und das sind jetzt seine Gäste: ein Hund, der im Grase spielt, und ein Esel, der säugt, schnaubt, schreit, kackt und auf der Schwelle der Könige herumspringt!

Das Wetter hatte sich geklärt, der Regen war vorüber, und eine sanfte Abendsonne schien, als wir nach Amboise kamen. Auch hier findet man die netten Provinzstraßen wie in Blois: die Leute stehen plaudernd auf der Schwelle oder arbeiten vor den Türen; die Frauen, die fast alle brünett sind, haben einen sanften Ausdruck und sind auffallend hübsch; in ihrem echt weiblichen Äußeren liegt viel sinnliche Güte. Man ist hier ja in der fruchtbaren, milden Touraine, dem Lande des guten, leichten Weißweins und der schönen alten Schlösser, das von der Loire, dem französischsten aller Flüsse, bewässert wird. Haltung und Gang haben etwas von der Ruhe des Nordens, während beim Lächeln südländische Lebhaftigkeit das Gesicht durchzuckt. [...]

Das Schloß Amboise schaut auf die Stadt herab, die zu seinen Füßen wie ein an einen Felsen hingestreuter Haufe Kiesel liegt; es hat eine edle, imposante Burgenphysiognomie, mit seinen großen, dicken Türmen, die von langen, schmalen Rundbogenfenstern durchbrochen sind; mit seiner Arkadengalerie, die sie verbindet, und mit der rotgelben Färbung seiner Mauern, die noch düsterer erscheint durch die Blumen, die von oben darauf herabhängen wie ein wehender Helmbusch auf die bronzene Stirn eines alten Haudegens. Wir haben eine gute Viertelstunde in Bewunderung versunken vor dem prächtigen linken Turm

Das Schloß Sully-sur-Loire geht im wesentlichen auf eine Burg aus dem 14. Jahrhundert zurück. Mit ihm verbinden sich zwei berühmte Namen: Im Sommer 1430 hielt sich Jeanne d'Arc, die Jungfrau von Orléans, längere Zeit im Schloß auf, und Voltaire schrieb hier Theaterstücke, nachdem er wegen unliebsamer Spottverse 1716 aus Paris verbannt worden war.

gestanden; seine braune Tönung hat gelbe und schwarze Stellen, und von seinen Zinnen hängt wundervoller Goldlack nieder; er ist gewiß eins jener beredten Bauwerke, die zu leben scheinen und den Beschauer stumm und träumerisch machen, wie die Porträts, deren Urbilder man nicht gekannt hat und die man doch lieben muß, ohne zu wissen, warum.

Eine eigentümliche Sanftheit und aristokratische Heiterkeit liegt über dem Schloß Chenonceaux. Es ist am Ende einer großen Baumallee in einiger Entfernung vom Dorfe, das sich respektvoll abseits hält, im Wasser erbaut; von Wald umgeben, streckt es inmitten eines weiten Parks mit schönen Rasenflächen seine Türmchen und viereckigen Schornsteine in die Luft.

In den Küchenräumen, die unter einem der Bögen des Schlosses liegen, putzte eine Magd Gemüse, ein Küchenjunge wusch Geschirr, und am Herde stand der Koch und bereitete in einer respektablen Menge von Kasserollen das Frühstück. Das Ganze macht einen guten Eindruck, läßt ein richtiges Schloßleben, eine bequeme und kluge Lebensweise eines Mannes von vornehmer Herkunft erkennen. Ich liebe die Besitzer von Chenonceaux.

Und hängen nicht überall gute alte Porträts, vor denen man lange träumen kann, sich in die Zeit zurückversetzend, da ihre Urbilder lebten, als die Hüften all dieser rosigen Damen sich im Ballett drehten und diese Edelleute mit ihren Rapieren einander tüchtige Hiebe austeilten? Das sind Versuchungen der Geschichte. Man möchte wissen, ob diese Menschen geliebt haben wie wir, und wie sich ihre Leidenschaften von den unserigen unterschieden. Man möchte ihren Mund erschließen, damit sie uns ihre Herzensgeschichten erzählen, all ihr Tun bis zum Kleinsten und Unbedeutendsten, ihre Qualen und ihre Wonnen. [...]

Man sieht da unter anderm zwei große Reiterbilder der Herren von Beauvillers, von denen der eine als Admiral, der andere als Kavallerie-Oberst dargestellt ist; ihre Stiefel

Chambord, das größte aller Loireschlösser, in einer Ansicht aus der Mitte des 19. Jahrhunderts. Zu dieser Zeit war Chambord schon längst nicht mehr bewohnt und deshalb dem fortschreitenden Verfall preisgegeben. Staatsbesitz wurde das Schloß erst 1930, die umfangreiche Restaurierung wurde vor wenigen Jahren abgeschlossen. Stich um 1860.

reichen ihnen bis an die Hüften, und ihre grüne Galauniform ist an den Schultern weiß von Puder, der aus ihren großen Allongeperücken gefallen ist. [...]

Über einer Tür zeigt eine Leinwand die schöne Gabrielle d'Estrées, nackt bis zum Gürtel; eine dicke Perlenschnur vom gleichen blonden Ton wie ihre Haut hängt auf ihre Brust herab; ihr blondes Haar, hochfrisiert und gekräuselt, gibt ihrem Gesicht einen erstaunten Ausdruck voll naiver Schalkhaftigkeit; ihre Schwester, in Rückenansicht und ebenfalls nackt bis an die Lenden, wendet neben ihr ihren brünetten Kopf um und blickt den Betrachter neugierig an, während im Hintergrunde eine Bäuerin mit rotem Kopftuch und weißem Umhang einem reizenden Wickelkinde, dem Herzog von Vendôme, die Brust reicht. [...]

In einem Zimmer, das als Salon dient und auf dessen Tisch der Streitkolben Franz I. lag, bemerkten wir ein schönes Rabelais-Porträt, ein gebräuntes, heiteres, vollblütiges, kraftvolles Gesicht, kleine, lebhafte Augen, wenig Haar, Bart und Kinn wie bei einem Satyrn, gibt es augenscheinlich den Typus, der allen Bildern des großen Mannes zugrunde liegt. Das Porträt der Isabeau von Bayern darunter nach links zu ist merkwürdig ausdrucksvoll. [...]

Auf all den Wänden hängen noch viele andere Bilder, die man in Ruhe noch länger betrachten möchte, ohne daß der Beschließer, den Schlüssel in der Hand, einem auf den Fersen ist und mit einer Bewegung zur Eile antreibt. Ich erinnere mich eines Bildnisses in ganzer Figur, das Ludwig XIII. als Apollo darstellt, mit dem spitzen Kinn, dem kleinen, geraden Schnurrbart und der großen schwarzen Perücke, die auf die Schultern herabfällt und sein trauriges Gesicht beschattet. Ich habe niemals an Ludwig XIII. ohne einen gewissen Schmerz denken können; er ist wohl der Mensch, der sich am meisten auf dieser Erde gelangweilt hat. [...]

Im Zimmer der Diana von Poitiers sahen wir das große Himmelbett der königlichen Konkubine; es ist ganz aus blauem und kirschrotem Damast. Wenn es mir gehörte, würde es mir schwerfallen, mich manchmal nicht hineinzulegen. Im Bett der Diana von Poitiers

Chenonceaux, das originellste aller Schlösser im Einzugsbereich der Loire. Der Haupttrakt ist als Brücke über den Cher geschlagen. Die Ansicht stammt aus der Mitte des 19. Jahrhunderts, als sich das Schloß im Besitz der Madame Pelouze befand, die die Wiederherstellung des Gebäudes zu ihrer Lebensaufgabe gemacht hatte. Stich um 1850.

zu liegen, hat mehr Reiz, als bei einer Menge greifbarerer Realitäten zu ruhen. Hat man nicht behauptet, in diesen Dingen liege alles Vergnügen nur in der Einbildung? Begreift man also, sofern man selbst etwas davon weiß, die sonderbare, nach sechzehntem Jahrhundert schmeckende historische Wollust, seinen Kopf auf das Kissen der Mätresse Franz I. zu legen und sich auf ihren Polstern zu wälzen? [...]

Aber das Porzellan der Katharina von Medici im Speisesaal würde ich nicht einmal zu berühren wagen, aus Furcht, es zu zerbrechen. [...]

Doch mußten wir schließlich diesem armen Chenonceaux Lebewohl sagen; mit seinen schönen Erinnerungen, seinen wundervollen Porträts, seinen prächtigen Waffen und seinen alten Möbeln lag es bei unserm Abschied zwischen grünen Rasenflächen im Schatten seiner Bäume, eingelullt vom zärtlichen Rauschen seines Flusses. In froher Stimmung, mit gefüllten Flaschen, machten wir uns zu Fuß nach Bléré auf, wobei unsere Rucksäcke eingeweiht wurden. Von dort wollten wir im Wagen nach Tours fahren.

GUSTAVE FLAUBERT, 1847

Klatsch am Hof der Könige

Am französischen Hofe und sogar in der jüngst vergangenen Zeit pflegte man mit Vorliebe über die Damen zu klatschen. Es gab Zeiten, und ich habe sie selber erlebt, wo es für einen Edelmann zum guten Ton gehörte, die Damen in Verruf zu bringen – mochte es sich nun dabei um Verleumdungen oder um die Wahrheit handeln. Man muß so etwas streng verurteilen, denn niemals darf man die Ehre der Damen, vor allem der großen Damen, verletzen. Das gilt sowohl für die Männer, die sich ihrer Liebe erfreuen, als auch für die anderen, denen die süßen Weintrauben zu hoch hängen und deshalb sauer schmecken.

Wie ich schon sagte, war man an den Höfen unserer letzten Könige für solchen Klatsch sehr empfänglich, im Gegensatz zu den Höfen ihrer Vorgänger. Hier machte zwar der brave König Ludwig XI. eine Ausnahme. Man erzählt von ihm, er habe gewöhnlich in

Links: François Rabelais (um 1494 bis 1553), eine der schillerndsten Gestalten Frankreichs in der Zeit der Renaissance. Erst Franziskaner, trat er 1524 zu den Benediktinern über, 1527 wurde er Weltgeistlicher, studierte dann Medizin und ließ sich schließlich als Arzt in Lyon nieder.

Rechts: Pierre de Ronsard (1525 bis 1585) wurde auf Schloß La Possonière geboren. Er war neben du Bellay der bedeutendste Vertreter der «Pléiade», der wichtigsten Dichterschule der französischen Renaissance.

einem großen Saale und in Gesellschaft vieler Hofleute getafelt, und wer ihm die beste und schlüpfrigste Geschichte über eine Dame erzählen konnte, sei am meisten gefeiert worden. [...]

Von seiner Gattin hingegen, die eine tugendhafte und sittsame Frau war, hatte er eine sehr gute Meinung. Ein Glück, daß sie diese Eigenschaften besaß, denn der hämische und mißtrauische Fürst hätte sie sonst genauso durch den Schmutz gezogen wie die anderen. Als er starb, gebot er seinem Sohn, seine Mutter zu lieben und in Ehren zu halten, sich jedoch nicht von ihr beherrschen zu lassen, «denn sie ist zwar sehr keusch und tugendhaft», sagte er, «doch leider mehr Burgunderin als Französin». Auch liebte er sie nur, damit sie ihm Kinder gebäre, und als die Thronfolge gesichert war, kümmerte er sich nicht mehr um sie. Sie lebte im Schloß Amboise wie eine gewöhnliche Dame, mit sehr wenig Staat und so schlecht gekleidet wie ein einfaches Fräulein. Dort überließ er sie ihren Gebeten, während er anderswo ein lustiges Leben führte. [...]

König Ludwig XII. respektierte die Damen sehr. Die Komödianten seines Reiches, die Schüler und Geistlichen, durften über jeden herziehen, nur nicht über seine königliche Gemahlin und ihre Hofdamen. An sich war er zu seiner Zeit ein wackerer Kumpan und liebte die Damen genau wie jeder andere.

Der König war nämlich durchaus nicht humorlos und wußte eine nette Anekdote über die Damen sehr zu schätzen. Er duldete nur keine Verleumdungen und Skandalgeschichten und sah es auch nicht gern, wenn jeder sich die gleichen Vorrechte herausnahm wie er. Man hat mir versichert, er habe stets gewünscht, daß seine Hofleute eine Geliebte hätten, andernfalls hielt er sie für Dummköpfe. [...] Zur Zeit König Karls wurde in Fontainebleau eine höchst gemeine Schmähschrift verfaßt, die selbst die größten Fürstinnen und Damen nicht verschonte. Hätte man den wahren Autor entdeckt, so wäre es ihm sehr schlimm ergangen. Auch bei der Hochzeit der Königin von Navarra zu Blois tauchte eine solche Schmähschrift gegen eine sehr vornehme Dame auf. Auch hier konnte man den Verfasser

Links: Jean-Baptiste Molière (1622 bis 1673). Als Autor genoß er trotz des kritischen Untertons manches seiner Stücke die besondere Gunst Ludwigs XIV. Die Komödie «Der Bürger als Edelmann» wurde in Chambord im Beisein des Sonnenkönigs uraufgeführt.

Rechts: Honoré de Balzac (1799 bis 1850). Wegen seiner hohen Schulden zwang sich Balzac zu einem atemberaubenden literarischen Schaffen, an dessen Ende rund achtzig Romanbände standen. Zahlreiche davon spielen in seiner Heimat, der Touraine.

nicht ausfindig machen. Einige wackere Edelleute, die ebenfalls verleumdet wurden, setzten sich mit allen Kräften gegen die Anwürfe zur Wehr, wenn sie auch nur Luftstreiche ausführen konnten. Aber damals sind eine Menge solcher Schandschriften entstanden, unter anderen eine in Form eines Liedes, das die Pagen und Lakaien nach einer damals bei Hof bekannten Tanzmelodie sangen. [...]

Katharina von Medici kleidete sich stets sehr gut und prächtig und hatte immer irgendeinen neuen und hübschen Einfall. Kurz und gut, sie verfügte über große Schönheit, so daß sie sehr geliebt wurde. [...]

Täglich gestaltete sie irgendeinen neuen Tanz oder ein schönes Ballett. Wenn es schlechtes Wetter war, erfand sie auch Spiele und verbrachte ihre Zeit mit dem einen oder anderen, da sie sehr umgänglich war, aber – wenn notwendig – auch sehr würdevoll und ernst sein konnte. Auch sah sie sich recht gerne Komödien und Tragödien an.

Den größten Teil ihrer Zeit am Nachmittag verbrachte sie bei ihren Seidenstickereien, worin sie es zur größtmöglichen Vollkommenheit gebracht hatte. Kurz und gut, diese Königin liebte alle schicklichen Beschäftigungen und widmete sich ihnen, es gab nicht eine, die ihrer und ihres Geschlechts würdig war, die sie nicht kennen und ausüben wollte.

Abbé Pierre de Bourdeille, genannt Seigneur de Brantôme, ca. 1600

Amüsement für seine Majestät

Bevor der König nach Chambord zu Jagdvergnügungen fuhr, wollte er seinen Hof mit einem Ballett unterhalten. Da der Eindruck des Auftretens der Türken in Paris noch ganz frisch war, war er der Ansicht, daß es angebracht sei, sie auf der Bühne erscheinen zu lassen. Seine Majestät befahl mir daher, mich mit den Herren Molière und Lulli zusammenzutun, um ein Theaterstück zu komponieren, in das man etwas von türkischen Sitten und türkischer Kleidung einfügen könnte.

Dazu begab ich mich nach dem Dorfe Auteuil, wo Herr Molière ein sehr hübsches Haus besaß. Dort arbeiteten wir an jenem Theaterstück, das in den Werken von Molière unter dem Titel «Le bourgeois gentilhomme» erscheint, der sich als Türke gab, um die Tochter des Großwesirs zu heiraten. Ich war zuständig für alles, was die Kleidung und die Sitten der Türken betraf. Als das Stück fertig war, wurde es dem König vorgelegt, der es genehmigte, und ich verblieb acht Tage beim Schneider, Meister Baraillon, um türkische Kleider und Turbane herstellen zu lassen. Alles wurde nach Chambord gebracht und das Stück im September aufgeführt, und zwar mit einem Erfolg, der den König und den ganzen Hof befriedigte. Seine Majestät hatte die Güte zu erwähnen, er habe wohl gesehen, daß der Chevalier d'Arvieux sich um die Dinge gekümmert habe, worauf der Herzog d'Aumont und Dacquin antworteten «Sire, wir können Euer Majestät versichern, daß er sich sehr viel Mühe damit gegeben hat, und daß er jede Gelegenheit wahrnehmen wird etwas zu schaffen, was Euer Majestät Freude bereiten könnte.» Der König entgegnete, daß er davon überzeugt sei und daß er niemals etwas bestellt habe, was ich nicht zu seiner Zufriedenheit ausgeführt hätte, daß er für mich sorgen und sich bei Gelegenheit meiner erinnern würde.

Solch verbindliche Worte aus dem Munde eines so großen Monarchen brachten mir den Beifall des ganzen Hofes ein – ein Weihwasser, mit dem die Höflinge nicht sparsam umgehen!

Das Ballett und die Komödie wurden mit einem so großen Erfolg gegeben, daß, obgleich man sie mehrmals hintereinander wiederholt hatte, sie immer wieder verlangt wurden. Auch war das Spiel der Darsteller über jedes Lob erhaben. Man wollte die türkischen Szenen sogar dem «Ballett der Psyche», das man für den folgenden Karneval vorbereitete, einfügen; nach reiflicher Überlegung kam man jedoch überein, daß diese beiden Motive nicht zueinander paßten.

Chevalier d'Arvieux, 1670

Gefangen in Blois

Dies schöne Schloß von Blois bildete für Katharina das engste Gefängnis. Nach dem Tode ihres Gatten, durch den sie stets am Gängelbande gehalten worden war, hatte sie zu herrschen gehofft, sah sich aber nun statt dessen von Fremden, deren höfliches Gehabe tausendmal brutaler war als das von Kerkermeistern, versklavt. Keiner ihrer Schritte konnte geheim bleiben. Diejenigen ihrer Frauen, die ihr ergeben waren, hatten entweder den Guisen ergebene Liebhaber oder wurden von Argusaugen bewacht.

Honoré de Balzac, 1840

Französische Lustschlösser

[März 1526, Franz I.] war wieder in Frankreich, sein Wille, seine Laune war von diesem Augenblicke an wieder allmächtig, er war wieder König von Frankreich.

Louise natürlich, die zärtliche Mutter, eilte ihm entgegen, und all ihre schönen Mädchen führte sie mit sich. O, sie kannte ihres Sohnes Geschmack, und die junge Anne de Pisselen, später Mlle. de Heilly genannt, war nicht vergessen in dem Gefolge. Wohl aber fehlte die Chateaubriant – die schöne Anna sollte den Sinn Franzens ablenken von jener herrischen Chateaubriant. Wie gut kannte sie des Sohnes Geschmack, wie kam ihr das romantische Glück zu Hilfe! Franz blieb erstaunt vor dem jungen Mädchen stehen. Dies entschied über die zweite Lebenshälfte des Königs, es entspann sich eine lebhafte und, wie es scheint, innige und gegenseitige Zuneigung, die – mit Ausnahme der abenteuerlichen Seitenwege des Königs – sein ganzes noch übriges Leben ausfüllte. [...] Denn das glücklich begabte Mädchen teilte auch allen guten Geschmack mit dem Könige, und ward die Stütze der Künste und Wissenschaften, die Stütze der schönen Renaissance. Davon erhielt sie den Beinamen «la savante des Belles».

Sie war auch allein gut gegen die Protestanten, sie ward, – ein seltener Fall – geliebtes, förmliches Mitglied der Familie. Die Mutter des Königs liebte sie, die Schwester Margarethe liebte sie, und aller Zwiespalt hörte auf, der unter der Chateaubriant geherrscht.

Detail vom Schloß in Blois, die «Tour du Moulin». Foto um 1910.

Zehn Jahre später gab sie Franz einem Herrn von Brosse zur Frau und machte ihn zum Herzoge von Etampes – unter diesem Namen ist sie in der Geschichte bekannt.

War sie indessen auch ein glücklicheres Naturell als die Chateaubriant, ein edlerer Charakter war sie nicht, und Franz verließ in dieser vielleicht eine stolzere und mächtigere Liebe. Ob aus eigener kleiner Eifersucht und aus gewöhnlichem Maitressenneide, ob gehetzt von der Königin-Mutter, ich weiß es nicht, kurz sie hatte die Torheit, Franz dahin zu bringen, daß er zur Chateaubriant schickt, und ihr befehlen läßt, all seine Briefe und Geschenke auszuliefern, all die Devisen und Ringe des verflogenen Rausches.

Ich bin jetzt krank – erwidert die Chateaubriant – ich werde sie suchen, in drei Tagen sollt Ihr sie haben. Unter der Zeit läßt sie alle Ringe und Spangen und sonstigen Metallschmuck zusammenschmelzen in Klumpen, und als der Bote nach drei Tagen wiederkehrt, gibt sie ihm die Metallklumpen und sagt: Tragt dies zum Könige, das Gewicht ist voll und ganz. Die Devisen, und was Ihr sonst verlangt, sind in mein Herz gegraben, dort muß er sie suchen. – Der König bestürzt und geschmeichelt ruft aus: Diese Frau hat mehr Mut und Größe, als ich dem Geschlechte zugetraut! Bringt ihr das Gold zurück, ich hätte ihr das Doppelte gegeben für die einfachen Devisen.

Heinrich Laube, 1876

Ein angenehmer Aufenthaltsort

Im Jahre 1747 verbrachten wir den Herbst in der Touraine, im Schloß Chenonceaux, einem königlichen Haus am Cher, durch Heinrich II. für Diana von Poitiers gebaut, deren Namenszüge man dort noch sieht, jetzt im Besitz des Generalpächters Dupin. In diesem schönen Ort unterhielten wir uns gut; es gab dort eine gute Küche, und ich wurde fett wie ein Mönch. Man trieb viel Musik. Ich komponierte mehrere Trios für Gesang, voll ziemlich starker Harmonie, von denen ich in meiner Ergänzung vielleicht noch einmal sprechen werde, wenn ich je eine schreibe. Man spielte Komödie. Ich schrieb dort in vierzehn Tagen eine dreiaktige, betitelte «Das unbesonnene Versprechen», die man unter meinen Papieren finden wird und die keinen andern Vorzug als den großer Heiterkeit hat. Ich verfaßte auch andere kleine Werke, unter ihnen das Versstück «Sylvias Allee», nach dem Namen einer Allee des Parks, die am Cher entlangging, all das aber, ohne meine Arbeit an der Chemie und die für Frau Dupin zu unterbrechen.

Jean-Jacques Rousseau, 1747

Prächtiger, größer, teurer!

Damals wurde auch, auf Betreiben des Herrn Bohier, eines Obersteuerpächters, das Schloß Chenonceaux erbaut, dessen Grundmauern anmutig und sehenswert rittlings über dem Fluß angelegt wurden.

Da nun der Baron von Semblançay den genannten Bohier noch in den Schatten stellen wollte, vermaß er sich, sein Schloß mitten in den Indre-Fluß hineinzubauen, wo es heute noch als das schönste Kleinod dieses schönen grünen Tales steht, so fest und wohlgefügt ruht es auf seinen Pfählen. Jakob von Beaune gab für diesen Bau auch gut und gern dreißigtausend harte Taler aus, ganz abgesehen von der Fronarbeit seiner Dienstleute. Ihr könnt euch aber auch drauf verlassen, dieses Schloß ist eines der herrlichsten, zierlichsten, lieblichsten und bestgeratenen Schlösser der lieblichen Touraine und badet sich immerdar gleich einer fürstlichen Buhle im Indre, prächtig aufgeputzt mit seinen Erkern und zierlichen gemetzten Fenstern, mit den hübschen Kriegsleuten oben auf den Türmchen statt der Wetterfahnen, die sich nach dem Winde drehen wie alle Soldknechte. Doch wurde der gute Semblançay gehenkt, noch ehe es vollendet war, so daß seither keiner mehr über genügend Geldmittel verfügte, um es vollends auszubauen.

Immerhin war sein Herr, der gute König Franz, der erste seines Namens, dort bei ihm zu Gaste gewesen, und man zeigt heute noch das Zimmer, wo der König gewohnt hat.

Honoré de Balzac, 1832

Fortsetzung Seite 97

Blois. Blick von der Altstadt auf den Glockenturm der Kathedrale Saint-Louis. Nachdem hier eine Fußgängerzone angelegt wurde, geht es heute in den Gassen wieder ähnlich beschaulich zu wie vor hundert Jahren. Foto um 1905.

Nächste Doppelseite: Orléans. Erst im 19. Jahrhundert wurde die Rue Jeanne d'Arc angelegt. Als eine der Hauptachsen der Stadt führt sie optisch wirkungsvoll auf die Zweiturmfassade der Kathedrale hin. Foto um 1890.

RIQUE DE GANTS
ABSINTHE OXIGENEE
HORS CONCOURS
PREMIER fils
DISTILLERIE à VAPEUR à ROMANS (Drôme)
Agent Général M. ROUILLARD
ORLEANS

AU GRAND ST LOUIS
LIBRAIRIE

Angers prunkt nicht nur mit der großen Burganlage und einem Reigen mittelalterlicher Kirchen, die Stadt besitzt zudem eine stattliche Anzahl historischer Wohnbauten. Zu den schönsten Fachwerkbauten der Stadt zählt die «Maison d'Adam» aus dem 15. Jahrhundert, hier in einer Aufnahme vom Anfang des 20. Jahrhunderts. Foto um 1920.

Blois. Freitreppe mit dem Denkmal des Denis Papin. Dieser berühmteste Sohn der Stadt wurde 1647 geboren. Als Hugenotte mußte er 1685 aufgrund des Widerrufs des Edikts von Nantes Frankreich verlassen. Er lebte zunächst in England, später in Deutschland, wo er 1714 starb. Der phantasiebegabte Arzt und Naturforscher Papin gilt als Erfinder von Vorläufern des Druckkochtopfes und der Dampfmaschine. Foto um 1900.

Blois. Die Kirche Saint-Vincent aus dem 17. Jahrhundert. Sie erhebt sich nördlich des Schlosses gegenüber dem Flügel Franz' I. Foto um 1910.

Nächste Doppelseite: Chenonceaux. Anfang des 20. Jahrhunderts war noch Raum für ländliche Idylle rings um das märchenhafte Schloß – heute drängen sich dort die Touristen zu Tausenden. Foto um 1910.

Saint-Benoît-sur-Loire, Westturm des Abtes Gauzlinus aus dem 11. Jahrhundert. Derart stolz war der Bauherr auf seine architektonische Schöpfung, daß er den Wunsch aussprach, sie möchte «ganz Gallien ein Vorbild» sein. Tatsächlich finden sich Anlehnungen an diesen Turm weit entfernt in der Auvergne (Ebreuil) und auch im Limousin (Saint-Léonard-de-Noblat). Foto um 1920.

Das Manoir (Herrenhaus) Clos Lucé am Ortsrand von Amboise. Hier verbrachte Leonardo da Vinci seine letzten Lebensjahre. Im Keller ist ein Museum eingerichtet mit Modellen, die nach technischen Zeichnungen des Universalgenies angefertigt wurden. Historisches Foto.

Bei Amboise. In den weichen Fels geschürfte Höhlenbehausungen, die selbst heute noch zum Teil bewohnt sind. Man findet sie überall im Loiretal. Foto um 1910.

Nächste Doppelseite: Tours. Am Schnittpunkt der wichtigsten Verkehrsachsen liegt die Place Jean Jaurès mit dem Justizpalast aus dem 19. Jahrhundert. Heute verkehren hier allerdings ganz andere Pferdestärken. Foto um 1890.

MAGGI
MAGGI
EVITER
LES CONTREFAÇONS
CHOCOLAT
MENIER
EVITER
LES CONTREFAÇONS
CIRAGE
VÉGÉTAL

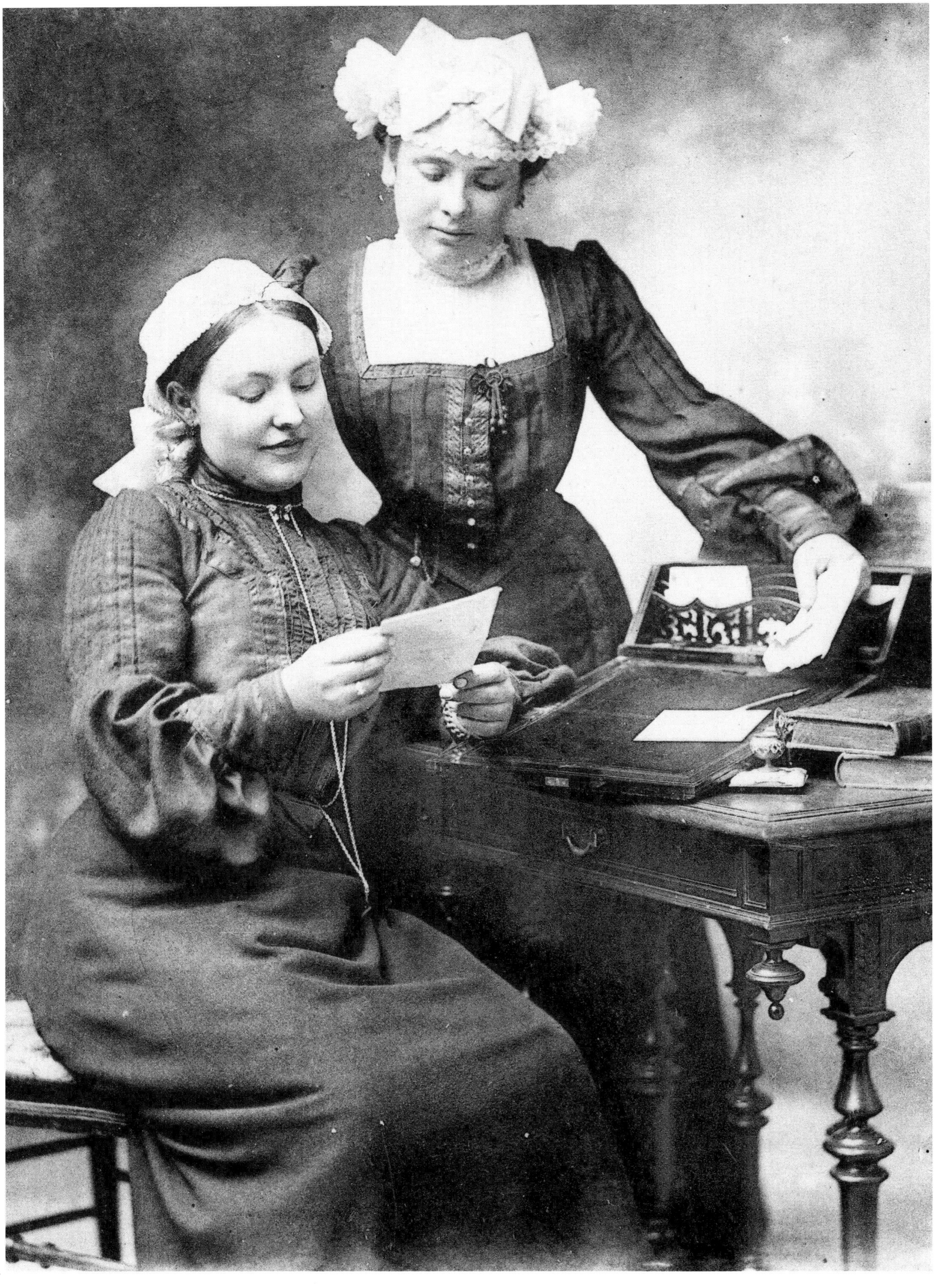

Volkstümliche Trachten im Anjou, wie man sie heute nur noch bei folkloristischen Veranstaltungen sieht. Foto um 1910.

Die Weinfelder von Vouvray bei Tours. Hier wird seit Generationen ein perlender Weißwein «méthode champenoise» gekeltert. Foto um 1910.

Das Château du Moulin bei Lassay-sur-Croisne in der südlichen Sologne. Rings von Wasser umgeben, abseits der großen Touristenrouten gelegen und zudem erlesen ausgestattet, ist dieses Schlößchen eines der schönsten Juwele im Loiretal. Es befindet sich seit Jahrhunderten im Besitz derselben Familie, auch dies ein Sonderfall. Foto um 1900.

Nächste Doppelseite: Angers. Blick über die Maine auf die Burg der Grafen von Anjou. Im Hintergrund ragt die Kathedrale Saint-Maurice auf. Foto um 1890.

Eine Wirtshausküche im Jahr 1910. An der Kochkunst sind die Jahrzehnte fast spurlos vorübergegangen. Haarmoden mögen sich gewandelt haben, das Utensil der

Köche ist praktisch unverändert geblieben. Historisches Foto.

Im Schloß Chenonceaux

«Wollen Sie nicht Chenonceaux sehen?» fragte mich der Wirt.

«Was ist das?»

«Mein Gott, eine der interessantesten Sachen in Frankreich, das Schloß, welches Franz I. für Diane von Poitiers erbauen ließ, und das noch größtenteils so erhalten worden ist, wie sie es verlassen hat.» [...]

Das Schloß, in reizender Unregelmäßigkeit, höchst malerisch aufgeführt, besteht aus zwei durch eine Mauer und Brücke verbundenen Gebäuden. Das erste, dessen Hauptteil durch einen viereckigen weiten Turm gebildet wird, der mit einem schönen gotischen Portal und der Devise Dianens von Poitiers geziert ist, dient als Torhaus und Wohnung des Concierge mit seiner Familie. Über die erwähnte Zugbrücke gelangt man nun von hier in das Hauptgebäude, welches im Geschmack jener Zeit mit vielen Vorsprüngen und Türmen versehen, und auf höchst seltsame Weise auf einer breiten Steinbrücke von sechs Bogen quer über den Fluß Cher erbaut ist.

Man sieht zuerst, in das Innere tretend, eine schmale, mit alten Waffen behangene Halle. Aus dieser führte man uns in den Salon der jetzigen Besitzer, des Grafen Villeneuve und seiner Gemahlin, die mit größter Artigkeit den fremden Besuchern alles der Aufmerksamkeit Werte im Schlosse zu besichtigen erlauben. [...]

... Dem eben erwähnten Salon gegenüber gelangt man nun in den ganz historischen Teil des Schlosses. Die erste «pièce» ist die «Salle des gardes» Franz' I., gleich der folgenden sorgsam erhalten, wie sie zu seiner Zeit war. Man glaubt, in ein altes Bild hineinzusehen. Vor den Türen hängen verschossene, gewirkte Teppiche. Eine reich vergoldete Ledertapete deckt die Wände, an denen vier Gemälde in mittelalterlichem Stil hängen, welche kriegerische Szenen darstellen. Der Holzplafond ist in Himmelblau und Gold gemalt, auf dem Kamin, der fast bis an die Decke reicht, steht eine vergoldete Büste Franz' I., und an mehreren Orten entdecken wir wieder den Salamander und das gotische F mit der Königskrone und dem Strick des heiligen Franziskus; und da, wo sich die beiden Enden des Strickes in einer Schleife vereinigen, sitzt hier ein niedlicher Liebesgott darauf. Bänke und einige wurmstichige Tische sind die einzigen Möbel.

Das zweite Zimmer ist der Audienzsaal. Hier ist der Plafond ungleich reicher und kunstvoll geschnitzt, der Boden Parkett, die Tapete von einem leinenen Stoff mit großen, rot veloutierten Blumen und die Zwischenräume vergoldet, die Möbel gleichfalls aus vergoldetem Holz, teils mit Karmesin-Seide, teils mit gleichfarbigem Samt oder Tuch beschlagen, die Lehnen der Fauteuils abermals mit dem gestickten F geziert, und in der Mitte des Zimmers steht ein hoher Baldachin. Neben diesem Saal ist eine Art Boudoir mit Boiserie bekleidet, hellblauer Grund und gelbes Gatterwerk darüber, die Möbel aus Ebenholz mit schwarzem Samt und verschossenen goldenen Tressen. Hier steht ein Trinkglas Franz' I. aus venezianischem buntem Sternglase von großer Schönheit. Man hat auch einen Stuhl und Toilettenspiegel im kostbarem Rahmen aus Schildkröte und getriebener Arbeit in Metall hier aufgestellt, die beide der unglücklichen Maria Stuart gehörten.

Hermann Fürst von Pückler-Muskau, 1835

Das Kloster für Bruder Hannes

Nun blieb noch der Bruder Hannes zu belohnen, den Gargantua zum Abt von Seuilly ernennen wollte; aber er schlug es ab. Dann wollte er ihm die Abtei von Bourgueil oder Saint-Florian übergeben, welche ihm am besten gefiele, oder alle beide, wenn sie ihm behagten. Aber der Frater erklärte rund heraus, er wolle keine Gewalt und Oberhoheit über Mönche besitzen. [...]

Das war dem Gargantua eben recht, und er bot ihm das ganze Thelemer-Gebiet am Ufer der Loire an. Da sollte eine Abtei entstehen, die von den üblichen von Grund aus verschieden wäre.

Zum ersten, verordnete Gargantua, in Übereinstimmung mit Hannes, dürften keine Mauern ringsum gebaut werden, weil alle andern Klöster durch solche von der Welt abgeschieden seien. – «Freilich», setzte der Mönch hinzu, «und von Rechts wegen. Denn hinter

Das äußerlich eher schlichte Schloß Montgeoffroy erstaunt durch seine Inneneinrichtung. Sie stammt aus der Zeit um 1775. Alle Möbel stehen noch an ihrem ursprünglichen Platz und vermitteln einen authentischen Eindruck davon, wie der französische Adel am Vorabend der Französischen Revolution lebte und wohnte.

jeder Mauer kauert wer auf der Lauer und blickt sauer; drum gedeiht dort der Neid und das Verfolgungswesen.» [...]

Weil sonst alles nach Stunden eingeteilt und geregelt sei, ward bestimmt, daß es hier keine Uhr und keinen Stundenweiser geben dürfe; alle Besorgungen sollten nach Gunst und Gelegenheit erledigt werden. «Denn was ist der größte Zeitverlust?» fragte Gargantua. «Das Stundenzählen». [...]

Item, weil jeder Ordensangehörige das Gelübde des Gehorsams, der Keuschheit und Armut ablegen mußte, verfügte man, daß hier alle unabhängig sein, reich werden und heiraten dürften.

Das Aufnahmealter wurde für die Nönnlein zwischen dem zehnten und fünfzehnten, für die Fratres zwischen dem zwölften und achtzehnten Lebenslenz festgelegt. [...]

Zur Auf- und Einrichtung des Klosters spendierte Gargantua 2700031 glänzende Goldvögel und für jedes Jahr bis zum vollständigen Abschluß 1669000 Sonnentaler und ebensoviele Sternengulden. Zu dauerndem Unterhalt stiftete er 236900 Rosendukaten, zins- und pfandfrei und am Klostertor zahlbar. Hierüber stellte er ein schönes Schriftstück aus. [...]

Der Grundriß des Bauwerks war hexagonisch, so zwar, daß in jedem Winkel ein großer Rundturm gemauert wurde, der sechzig Schritt im Durchmesser hatte. Alle waren sich gleich an Höhe und Aussehen. Der Loirestrom floß nordwärts dran vorbei. [...]

Die Dächer waren mit Schieferplatten gedeckt und mit lustigen Bleimännlein und Tierfiguren geschmückt. Die Dachrinnen gingen zwischen den Kreuzstöcken bis auf den Boden; sie waren in Blau und Gold gehalten und endigten in Gräben, die nach dem Fluß liefen.

Die Gebäude waren über alles Maß schön und geräumig. Sie enthielten 9332 Gemächer, jedes mit einem Nebenzimmer, Hinterkämmerlein, Kleiderraum, Kapellchen und Gang nach dem Hauptsaal. Inmitten eines jeden Turmes stieg eine prächtige Wendel-

Der Feldmarschall Louis-Georges-Érasme de Contades ließ von 1773 bis 1775 einen ehemaligen mittelalterlichen Landsitz zum Schloß Montgeoffroy umbauen. Das Schloß überstand die Französische Revolution ohne Schaden und blieb bis heute in Familienbesitz. Einige Räume sind für die Öffentlichkeit zugänglich. In ihnen kann man sich anhand der vollständig erhaltenen Möblierung und Wanddekoration vom ausgesuchten Geschmack des ehemaligen Besitzers überzeugen.

Nächste Doppelseite: Die Kücheneinrichtung von Schloß Montgeoffroy aus dem 18. Jahrhundert ist ebenfalls noch erhalten. Die zahlreichen Kupferpfannen und -töpfe in allen denkbaren Größen lassen die Fähigkeiten der damaligen Köche erahnen.

Schloß Montgeoffroy bietet dem Besucher den wohl besten Eindruck einer erlesenen und kostbaren Innenausstattung eines französischen Schlosses am Ende der Regierungszeit Ludwigs XV.

treppe auf; die Stufen waren aus Porphyr, Marmor und Granit, 22 Fuß lang, drei Finger dick, und waren immer zwölf Staffeln bis zu einem Treppenabsatz. [...]

Die Wohnungen der Schwestern zogen sich vom Arktikabis zum Mesembriner-Turm; den Brüdern gehörte das übrige. Zur Unterhaltung der Frauen legte man vor ihrem Flügel zwischen den beiden ersten Außentürmen die Rennbahn, das Hippodrom, das Schwimmbad und Theater an.

An den Fluß stieß der Lusthain, darin sich ein wunderlicher Irrgarten schlängelte. Zwischen den zwei nächsten Türmen dehnten sich die Plätze für allerlei Ballspiele. Beim Cryera-Turm lag der Obstgarten, voll Fruchtbäumen jeglicher Art. Am Ende fing der große Park an, wo es von Wildbret wimmelte. Beim dritten Turm kamen die Scheibenstände für Bogen, Armbrust und Hakenbüchsen. Dann folgten die Marställe, Hundezwinger und Vogelhäuser, denen erprobte Wärter und Falkner vorstanden. Alljährlich wurden frische Sperber, Habichte, Stößer, Falken, Adler und anderes Federspiel aus Candien, Venedig und Sarmatien geliefert. [...]

Ihre Lebensführung richtete sich nicht nach Satzungen, Regeln und Paragraphen, sondern einzig nach ihrem freien Willen und Gutdünken. Sie standen auf, wenn sie ausgeschlafen hatten, aßen, tranken, arbeiteten und ruhten, wie sie die Lust dazu ankam. Keiner weckte sie, noch zwang sie jemand zur Mahlzeit oder irgend etwas anderem. So hatte Gargantua es bestimmt. In ihrer Regel war nur die eine Verfügung:

«Tu, was du willst.»

Wenn alsdann die Zeit gekommen war, daß einer aus der Gemeinschaft in die Welt hinauszog, so nahm er eins der Jungfräulein mit sich, das er zu seiner Braut erwählte und heiratete. Und im Ehestand lebten sie ebenso wohlgemut und einträchtig wie einstens in der Abtei, also daß ihre Gemahlschaft einem immerwährenden Honigmond glich.

François Rabelais, 1532

Ein königliches Tal

Ich weiß drei Täler auf der Welt, denen im Verlauf der Zeiten eine gleiche Funktion zuteil geworden ist, nämlich eine königliche oder kaiserliche: das Niltal zur Zeit der Pharaonen, das Rheintal und das Tal der Loire.

Vielleicht gibt es noch andere; doch kenne ich sie nicht aus eigener Erfahrung. Indessen scheinen mir auch unter diesen nur zwei zu sein, die möglicherweise auf eine ebenso hohe Würde Anspruch erheben können: das Tal des Jangtsekiang in China und das Tal des Ganges in Indien.

Wenn ich «königlich oder kaiserlich» sage, meine ich nicht nur den Umstand, daß zu bestimmten Zeiten eine starke politische Macht diese Täler zum Sitz erwählt hat und ihren Prunk dort entfaltete. Meiner Meinung nach haben die drei erstgenannten Täler das eine gemeinsam, daß sie Achse einer Kultur waren, der Ort, an dem die kostbarsten Errungenschaften dieser Kultur sich herauskristallisierten. Die Loire hat diese Rolle nicht sehr lange gespielt. Nach einem Jahrhundert der Hochblüte, dem 16., ist diese höhere Lebensform sehr schnell verfallen, um nicht zu sagen verschwunden. Aber zum Glück hat sie ruhmreiche Spuren hinterlassen: die Schlösser. Und ein Wunder hat gewollt, daß diese Schlösser sowohl der Verwitterung durch die Zeit wie der Verheerung durch den Menschen und den schrecklichen Zerstörungen des Krieges entgangen sind. In dieser Beziehung war das Loiretal glücklicher als die beiden anderen.

So kommt es, daß wir heute diese unvergleichliche Reihe von Meisterwerken anschauen und von nahem betrachten können, die da Azay-le-Rideau, Villandry, Amboise, Chenonceaux, Chaumont, Blois und Chambord heißen und unseren Augen in unveränderter Gestalt erscheinen, so wie ihre Erbauer sie gekannt haben.

Unvergleichliche Reihe, sagte ich. Und das ist die lautere Wahrheit. Denn erstens weiß ich keine zweite, ebenso bedeutende Galerie von Bauwerken, die sich auf so engem Raum zusammengedrängt befinden und doch so harmonisch verteilt sind. Zweitens widersprechen diese Schlösser sich nicht in Epoche und Stil, sondern bilden eine erstaunlich einheit-

Oben und unten: Wegen des einzigartigen Erhaltungszustandes der Inneneinrichtung nimmt Schloß Valençay eine besondere Stellung unter den Loireschlössern ein.

Das Mobiliar von Schloß Valençay entstammt überwiegend dem Empire und der zeitlich anschließenden Epoche des Régence-Stils. So ist die Ära Talleyrands allgegenwärtig, dem dieses Schloß im 19. Jahrhundert gehört hatte.

liche Familie, in der die ererbten Züge viel stärker sind als alle Verschiedenheiten. Schließlich, und in meinen Augen ist dies das Entscheidende, gibt es diese Familie nur hier, nur hier kann sie vom Betrachter gesehen und gewürdigt werden. […]

Aber, so ehrlich ich mich auch bemühe – nirgends in Europa, und erst recht nicht außerhalb Europas, sehe ich etwas, das den Loire-Schlössern gleichwertig zur Seite stünde. Sie verkörpern die höchste Entfaltung der Renaissance, jene Zeit, die mit dem Humanismus zusammenfiel. Und es verdient Beachtung, daß gerade in diesem Augenblick das französische Königtum das Bedürfnis empfand, sich mit diesem Tal zu identifizieren, seinen Prunk, seine ästhetische und intellektuelle Verfeinerung hier zu offenbaren. Die Namen Franz I., Rabelais oder Ronsard haben für uns die gleiche Bedeutung und werden vom gleichen Licht erhellt.

Die Ehre, die der Kunst und der Literatur von den Herrschern der französischen Renaissance erwiesen wurde, war keine nebensächliche, flüchtige Laune.

Jules Romains, 1957

Von Paris nach Blois

Unsere ganzen Betrachtungen von Paris bis Blois beschränken sich also darauf, die Fahrt, so kurz sie war, zu lang zu finden, gereizt, wie man es immer durch diese unfruchtbare Art zu reisen ist, und übrigens sehr gelangweilt durch die Gesellschaft zweier Kornhändler, großer Schwätzer, die viel lachten und augenscheinlich reichgewordene, sehr selbstzufriedene Leute waren. Der eine, mit einem Ordensbändchen im Knopfloch, jovial, dick, fett, mit vollen Lippen, von kräftiger Gestalt und roher Stimme, war der kühne Aufkäufer, der Spekulant im Großen, der der Bürgermeister seiner Gemeinde, der Abgeordnete seiner Stadt ist, und später einmal Minister werden wird; sein Nachbar dagegen, ein kleiner, magerer Mensch mit faltigem Gesicht, eingefallenem Munde und vorspringender Nase, der mit einem unbeschreiblichen Lächeln von Befriedigung und Malice die Getreidepro-

Die Idylle des Schlosses von Montsoreau läßt nicht mehr ahnen, daß viele Mitglieder der Familie Chambes, die Montsoreau erbauen ließ, in blutige Intrigen verwickelt waren. Durch Alexandre Dumas Roman «La Dame de Montsoreau» fand dieses Schloß Eingang in die Weltliteratur.

ben in der hohlen Hand springen ließ, zeigte vielmehr das Äußere des habgierigen, lichtscheuen Händlers, des hartnäckigen Arbeiters, der den Sack auskocht, nachdem er die Taler herausgenommen hat, des ungebärdigen Menschen, der das Geld des Geldes wegen liebt und auf den Handel des Handels wegen versessen ist; ein heute sehr häufiger Typus, der den Ehrgeiz hat, Reben zu kultivieren, ohne ihren Wein trinken zu wollen! Neben uns saß noch ein armer kranker, hinkender Engländer, der mir von einem andern Metall als von Geld zerfressen schien; sein kleines Mädchen, dessen häßliches Gesicht einen reifen Ausdruck zeigte, wie er sich häufig bei Kindern ohne Mutter findet, las die Vaudevilles des Palais-Royal und des Gymnase, um sich mit der Sprache, den Sitten und dem Geschmack Frankreichs bekannt zu machen.

In Orléans zeigte sich uns Herr Berryer, der, am Büfett sitzend, seine weite Brust mit Essen füllte, und zwei liebenswürdige junge Leute stiegen ein, die irgend einem Zweige der Verwaltung angehören mußten: der eine unterschied sich vom andern wie der Dummkopf vom Esel oder wie die Bedeutungslosigkeit von der Leerheit.

Beim Betreten von Blois umfing uns sogleich die Erinnerung an die Dichterjugend, die hier verlebt wurde; während wir durch die gewundenen, schweigenden Gassen gingen, dachten wir daran, daß auch er dort vor etwa zwanzig Jahren wandelte und eines jener Häuser betrachtete, um seine Marion Delorme dahin zu versetzen; wir suchten der Luft, den Bäumen, den Mauern, dem unbestimmten Dauernden und Individuellen, das einem Orte anhaftet, das ihm seine Farbe gibt und seine Seele ausmacht, das Geheimnis der ersten Blütezeit des großen Mannes abzulauschen; jener Zeit, als seine Poesie in den unbekannten Stücken der ersten Sammlungen von üppigen, lianengleich rankenden Strophen überquoll, ihre Metaphern wie Sonnen erstrahlen ließ und in vielfältigen Rhythmen und ununterbrochenen Harmonien wogte.

Wieviel zu Werken geformte Gedanken, wieviel marmorgewordene Träume sind in diesem Winkel, an jenem Flußufer, unter dem Baum dort aufgestiegen, an tauigen

Das Schloß von Châteaudun besitzt zwei Gesichter: Nach außen die abweisende Front einer Wehrburg, zur Hofseite, hier im Bild, die freundlichere Gestalt, die einem Umbau der Renaissancezeit zu verdanken ist.

Auch das Schloß Rivau entstammt dem Mittelalter und wurde in der Renaissance umgestaltet. Rivau markierte auf dem Wege der Jeanne d'Arc nach Orléans eine wichtige Etappe, denn hier wurden ihrer tollkühnen Truppe die dringend notwendigen Pferde zugewiesen.

Schloß Valençay. Die mächtigen Rundtürme lassen die Verwandtschaft mit Chambord erkennen. An das berühmte Vorbild erinnern auch die stattlichen Abmessungen der gesamten Anlage.

Morgen im feuchten Grase oder auch an den schönen Sommerabenden, die brennend und traurig wie eine erste Liebe sind, wenn der Himmel weite gerade Lichtstreifen zeigt und Fliegenschwärme gleich goldenen Rändern in der Luft kreisen!

Hat uns deshalb Blois entzückt? Am Landungssteg findet sich übrigens eine große Allee von Ulmen mit buschigem, dichtem Blätterwerk und kräftigen Ästen, die eigens zu dem Zweck von unten emporzuwachsen scheinen, damit man den Dudelsack darin aufhängt. Richtige Ulmen des achtzehnten Jahrhunderts, breitgezogen, damit darunter zur Violine des Dorfmusikanten getanzt wird, der, auf einem Faß stehend, mit dem Fuße dröhnend den Takt tritt, während die Röcke im Winde fliegen, die bestaubten Schnallen sich lösen und die jungen Kerle die Mädchen um die Taille fassen, die dabei vor Schrecken lachen und vor Lust schwindlig werden.

Gustave Flaubert, 1847

Warum ich die Touraine liebe ...

Ein Aufenthalt auf dem Land, das ewige Allheilmittel gegen die Leiden, mit denen die Medizin nichts anzufangen weiß, wurde als die beste Arznei angesehen, um mich aus meiner Apathie zu reißen. Nach dem Beschluß meiner Mutter sollte ich einige Tage in Frapesle, einem Schloß an der Indre, zwischen Montbazon und Azay, bei einem Freund meiner Eltern verbringen, dem sie zweifellos geheime Instruktionen erteilte. [...]

So verließ ich Tours an einem Donnerstagmorgen durch den Schlagbaum von Saint-Eloy. [...]

Um zum Schloß Frapesle zu gelangen, nehmen die Reisenden zu Fuß oder zu Pferde die in Champy abzweigende Abkürzung über die sogenannten Landes de Charlemagne, die brachliegenden Triften auf dem Hochplateau, welches das Talbecken des Cher von dem der Indre trennt. [...] Dieser Weg, der weit hinter Ballan in die Landstraße nach Chinon einmündet, führt durch eine leicht gewellte Ebene ohne nennenswerte Erhe-

Schloß Valençay. Während das Vorbild für Valençay, Chambord, einheitlich im 16. Jahrhundert entstand, haben am heutigen Erscheinungsbild von Valençay unterschiedliche Epochen mitgewirkt. Der Wohnturm (Bildmitte) mit dem links angrenzenden Trakt entstammt dem 16. Jahrhundert, der Westflügel (ganz links) mit den Rundfenstern im Mansardengeschoß dem 17. Jahrhundert. (Valençay wurde bei der Beschreibung der Reiseroute nicht eigens aufgeführt, weil das Denkmal weitab vom Tal der Loire schon nahe der Grenze zum Berry liegt.)

bungen bis zum Dörfchen Artanne. Dort aber erschließt sich der Blick auf ein Tal, das in Montbazon beginnt, an der Loire endet und zu Füßen der Schlösser, welche die Hügelketten auf beiden Seiten krönen, fröhlich dahinzuhüpfen scheint, eine prächtige, smaragdene Schale, auf deren Grund sich die Indre schlängelt. Bei diesem Anblick wurde ich von einem wonnigen Erstaunen gepackt. [...] In jenem Augenblick verliehen die Mühlen, die an der Indre liegen, dem rauschenden Tal eine Stimme, die Pappeln wiegten sich lachend im Wind, keine Wolke am Himmel, die Vögel sangen, die Grillen zirpten, alles war Melodie. Frag mich nicht mehr, warum ich die Touraine liebe. Ich liebe sie nicht, wie man seine Wiege oder eine Oase in der Wüste liebt; ich liebe sie, wie der Künstler die Kunst liebt. Ich liebe sie weniger als dich, aber ohne die Touraine wäre ich vielleicht nicht mehr am Leben. Ohne zu wissen warum, kehrten meine Augen zu dem weißen Punkt zurück, zu der Frau, die in diesem weiten Garten leuchtete, wie sich eine Windenblüte im grünen Buschwerk erschließt, die welkt, wenn man sie berührt. Mit bewegter Seele stieg ich in die grünende Schale hinab und erblickte alsbald ein Dorf, das mich in meiner überfließend poetischen Stimmung unvergleichlich dünkte. Stell dir drei Mühlen vor, die zwischen zierlich geformten, von vereinzelten Baumgruppen gekrönten Inseln inmitten einer Wasserwiese liegen. Wie sonst soll man diese lebendige, bunte, wässerige Pflanzenwelt nennen, die den Fluß überzieht, aus ihm emporsteigt, allen seinen Launen nachgebend mit ihm dahinwogt und sich dem Aufruhr des von den Mühlenrädern gepeitschten Wassers beugt! Hie und da erheben sich Kiesmassen, an denen sich das Wasser gleich einer in der Sonne funkelnden Franse bricht. Amaryllis, gelbe und weiße Wasserrosen, Binsen und Phlox schmücken die Ufer mit ihren prächtigen Gobelins. Eine wacklige, halbvermoderte Brücke auf blumenüberwucherten Pfosten, deren mit Kräutern und samtigem Moos bewachsenes Geländer sich gegen den Fluß senkt, ohne doch hineinzustürzen; abgenützte Boote, Fischernetze, der eintönige Gesang eines Schäfers; Enten, die zwischen den Inseln herumschwammen oder auf den Sandbänken ihr Gefieder putzten; Müllerknechte mit der Zipfelmütze auf

Links: Postkarte vom Anfang des 20. Jahrhunderts mit einer Ansicht aus dem Städtchen Vendôme.

Rechts: Postkarte vom Anfang des 20. Jahrhunderts mit einer Straßenszene aus dem Städtchen Loches.

dem Ohr, die ihre Maulesel beluden; jede Einzelheit verlieh der Szene eine entzückende Naivität. Dazu jenseits der Brücke zwei oder drei Bauernhöfe, ein Taubenschlag mit Türmchen, etwa dreißig Hütten, durch blühende Gärtchen mit ihren Geißblatt-, Jasmin- und Klematishecken voneinander getrennt, vor jeder Tür ein duftender Düngerhaufen, Federvieh auf allen Wegen – das ist Pont-de-Ruan, ein hübsches Dörfchen, das, von seiner charaktervollen alten Kirche aus der Zeit der Kreuzzüge überragt, genau so aussieht, wie die Maler es für ihre Landschaftsbilder suchen. Umrahme das Ganze mit uralten Nußbäumen und mit jungen blaßgolden schimmernden Pappeln, stelle ein paar anmutige Reste von Mauerwerk mitten in die langgestreckten Wiesen, wo das Auge sich in der heißen, dunstigen Ferne verliert, und du hast einen Begriff von einem der tausend Aussichtspunkte dieses schönen Landes.

Ich folgte dem Weg nach Saché auf dem linken Ufer, während ich die gegenüberliegende Hügelkette in allen Einzelheiten betrachtete, und gelangte schließlich zu dem mit hundertjährigen Bäumen prangenden Park von Schloß Frapesle. Als ich ankam, verkündete die Glocke gerade die Stunde des Mittagessens. Nach der Mahlzeit führte mich mein Gastgeber, der nicht ahnte, daß ich zu Fuß von Tours hergewandert war, rund um seinen ganzen Besitz, so daß ich das Tal in allen seinen Landschaftsbildungen wahrnahm, hier durch einen schmalen Durchblick, dort in seiner ganzen Weite.

Immer wieder wurden meine Augen von dem schönen Goldband der Loire am Horizont angezogen, wo die Segel zwischen den Wellen phantastische Figuren zeichneten, die rasch vom Wind davongetragen wurden.

Von einem Hügelgrat aus bewunderte ich zum erstenmal das Schloß Azay, das wie ein facettenreicher, von der Indre eingefaßter Brillant auf seinen von Blumen verkleideten Pfählen ruht. Ich erblickte auch die romantischen Massen von Schloß Saché – ein Ort voll schwermütiger Harmonien, die für oberflächliche Menschen zu ernst, aber dem wunden Herzen des Dichters teuer sind. So lernte ich später die Stille, die uralten hohen

Die «Tour de l'Horloge» in Amboise. Karl VIII. ließ dem mittelalterlichen Stadttor den Uhrturm aufpflanzen. Heute beginnt hier die Fußgängerzone von Amboise. Historisches Foto.

Orléans. Die Rue des Carmes (Karmeliterstraße) zu Beginn des 20. Jahrhunderts.

Blois. Straßenszene zu Beginn des 20. Jahrhunderts.

Links: Tours. Der Turm Karls des Großen (Tour Charlemagne) grenzte unmittelbar an die zerstörte Kirche Saint-Martin. Nach einem Teileinsturz 1928 wurde er wieder aufgebaut. Foto um 1900.

Rechts: Tours. Während der Turm Karls des Großen sich an das nördliche Querhaus der Martinsbasilika lehnte, flankierte der Uhrenturm (Tour de l'Horloge) als einer von ursprünglich zwei Türmen das Hauptportal der Kirche im Westen. Foto um 1930.

Bäume und die sonderbar geheimnisvolle Atmosphäre dieses einsamen Tales lieben. Doch jedesmal, wenn ich das zierliche Schlößchen, das mein erster Blick auserwählt hatte, am gegenüberliegenden Hang wiederfand, ließ ich ihn wohlgefällig darauf ruhen.

Honoré de Balzac, 1836

Eine Handvoll Gräser

«Ach, mein Lieber!» sagte Balzac nachdenklich, «wenn Sie wüßten, wie wenig man weiß!»

Er verschlang zwei weitere Makkaronipasteten und erzählte: «Als ich vorhatte, ‹Le Lys dans la Vallée› zu schreiben, wollte ich wie Cooper eine wundervolle Landschaftsschilderung in mein Buch einbauen. Von dieser Idee ganz durchdrungen, tauchte ich wie ein pantheistischer Heide in der Natur unter. Ich fühlte mich als Baum, als Horizont, Quelle, Stern oder das Licht schlechthin. Und da uns nun die Wissenschaft soviel Handhaben bietet, wollte ich Namen und Eigenart einer Menge Pflanzen wissen, die ich gern in meine Schilderungen eingestreut hätte. In erster Linie galt mein Interesse all den kleinen Gräsern, auf denen wir allerorten achtlos herumtreten, ob nun einfach am Wegrain, auf den Wiesen oder sonstwo. Zunächst fragte ich meinen Gärtner danach. ‹Ach, Monsieur›, sagte der, ‹nichts leichter als das!› ‹Nun, dann zeigen Sie mir diese Gräser, wenn es so leicht ist!› ‹Dies hier ist eine Luzerne, das da ist Klee und das eine Schmetterlingsblume ...› Ich bremste ihn: ‹Nein, nein, so nicht! Ich möchte wissen, wie diese Millionen kleiner Gräser heißen – hier, ich rupfe eine Handvoll davon aus!› ‹Ja, Herr, das ist halt Gras.› ‹Aber wie heißen diese Myriaden von langen, kurzen, geraden oder krummen, weichen oder stechenden, harten oder samtigen, feuchten oder trockenen, tief- bis blaßgrünen Gräsern im einzelnen?!› ‹Je nun, es ist, wie ich Ihnen schon sagte, alles Gras!› Es war einfach unmöglich, von ihm eine andere Erklärung oder Bezeichnung herauszubekommen! Am nächsten Tag besuchte mich ein Freund, just einer von den Weitgereisten, die Sie vorhin erwähnten. Ich fragte ihn, etwa so wie am Abend zuvor den Gärtner: ‹Sie sind doch Botaniker und viel herumge-

Orléans. Die Place du Martroi mit dem Reiterstandbild der Jeanne d'Arc in einer Ansicht aus dem frühen 20. Jahrhundert.

reist. Kennen Sie diese kleinen Grasarten, die man ständig mit Füßen tritt?› ‹Und ob!› entgegnete er. ‹Na, dann nennen Sie mir die Namen von denen da!› Ich rupfte eine Handvoll Gräser aus und gab sie ihm. ‹Das ist – äh ... Ja, wissen Sie›, sagte er dann, nachdem er das Büschel ein paar Minuten studiert hatte, ‹ganz von Grund auf kenne ich eigentlich nur die Flora von Malabar ... Wenn wir uns in Indien befänden, könnte ich Ihnen auf Anhieb die Namen dieser abertausend Pflanzen und Pflänzchen sagen, aber hier ...› ‹Aber hier wissen Sie geradesowenig wie ich!› ‹Leider muß ich es zugeben›, sagte mein weitgereister Freund. ‹Und das wiegt bei Ihnen doppelt!› entfuhr es mir. Erbost eilte ich am nächsten Morgen zum Jardin des Plantes. Dort wandte ich mich an einen der gelehrtesten Professoren des Instituts. ‹Aber, aber Monsieur de Balzac›, entgegnete mir der berühmte Naturforscher, ‹was verlangen Sie da von mir?! Wir beschäftigen uns ja hier nur intensiv mit der Gattung der Larix und der nicht minder interessanten der Tamarix, doch wollten wir uns auch noch mit diesen winzigen, unbedeutenden Gräsern abgeben, dann würde unser Leben hierzu nicht ausreichen. Das ist mehr eine Angelegenheit für den Grünkramhändler. Spaß beiseite: wo soll denn Ihr Roman spielen?› ‹In der Touraine.› ‹Ja dann! Der erstbeste Bauer kann Ihnen dort verraten, was hierzulande kein Professor Ihnen zu sagen vermag.› Also fuhr ich nach der Touraine ... Aber ich mußte feststellen, daß dort die Bauern ebenso unwissend wie mein Gärtner und mein weitgereister Freund waren, doch immerhin nicht unwissender als die Professoren vom Jardin des Plantes. Daher konnte ich, als ich ‹Le Lys dans la Vallée› schrieb, jene grünen Matten nicht so genau, wie ich gern wollte, beschreiben, und es hätte mich doch so gefreut, sie Hälmchen für Hälmchen zu schildern, ganz auf die bedächtige und farbenreiche Weise der Flamen. Und da raten Sie mir, mich auf die weitgereisten Leute zu verlassen, um von ihnen die erforderlichen Valeurs zur Schilderung einer Seelandschaft zu erhalten! [...]»

Léon Gozlan, ca. 1850

Tours. Im Rathaus des 19. Jahrhunderts, hier in einer Ansicht aus dem beginnenden 20. Jahrhundert, lebt erkennbar die Formsprache der Renaissance fort.

Der Loir teilt sich in viele Arme, umschließt grüne und städtische Inseln und ist der eigenartige und anheimelnde, der freundliche und strenge, der enge und weite Ort Vendôme mit grünbewachsenen Mauern und alten Waschhäusern am Fluß, wo noch heute die Wäscherinnen knien und ihre Arme in das anmutsvolle Wasser tauchen. [...] Ich ging dann durch enge Gassen, hörte die Presse einer kleinen Druckerei arbeiten und dachte an Balzac, der in Vendôme zur Schule gegangen ist und dies in seinem Werk «Louis Lambert» beschreibt. Vor einem Café war der Platz sandig und sonnig: er war menschenleer. Ich blickte auf die Druckerei der französischen Universitäten. Ein Lederjackenmädchen kam auf einem Fahrrad gefahren und verschwand im Tor der Druckerei. Ich fand das Lycée Ronsard. Ich roch es: es war noch immer eine strenge Schule. Die stämmige Tür war geschlossen. Daneben hing die schöne Gedenktafel für Ronsard und feierte ihn als den Vater der modernen französischen Poesie, was manche Poeten bezweifeln mögen, für die Schule aber zu gelten scheint. Ich läutete und bat um die Erlaubnis, einzutreten. In einem Torbogen zum Schulhof hing der Kopf des Schülers Balzac. Eine kleine, doch sehr ausdrucksvolle Plakette, ein aufsässiges Gesicht. [...] Ein Torbogen führte zu einem Korbballspielplatz auf dem Exerziergelände der ehemaligen Kaserne der Jäger zu Pferde. Eine Totentafel zeigte das Bild des Colonel, ihres letzten Ausrittes durch dieses Tor: der Colonel und seine Reiter waren 1914 bei der Verteidigung von Lille gefallen. Immer wieder begegnet man in Frankreich dem Schrecken des ersten Weltkrieges. Er hat das Land viel schwerer heimgesucht und sich tiefer dem Gedächtnis eingeprägt als die zweite Tragödie trotz aller Demütigungen, Grausamkeiten und Zerstörungen. Die Niederlage von 1940 hat Frankreich biologisch gerettet, es verblutete nicht, und der Widerstand, die Résistance nach der Überwältigung, bewahrte ihm seinen Stolz und seine Seele.

Orléans, hochgemuter Name! Ich dachte an die Jungfrau, an Schillers ideale Empfindungen, ich erwartete das Mittelalter, ein Schloß, die Christenheit, Frankreichs Könige. Ich hatte vergessen, daß Orléans zerstört war. Es führen noch schöne Straßen in die Stadt, graue Mauern, weiße Mauern, Bauernmauern, Edelmannsmauern, blumenumrankte Besitzungen, in denen die Landhäuser wie in alten Friedhöfen schlafen. Dann aber wird alles häßlich, ungestalteter Städtebau, eine wirre Anlage, fast ein Chaos. Allerweltspläne nicht vollendeter, höchst durchschnittlicher Reißbrettarchitektur scheinen zu gähnen. Die Straßen, die erhalten geblieben sind, zeigen den Geschäftshausstil von 1900, da man den Pot de chambre mit Lilien verzierte. Die Restaurants pflegen eine ausgewählte Wartesaalküche. Die Restaurants existieren wohl nur noch, weil einige Fremde, verführt durch die Sage, nach Orléans kommen und essen müssen. Die Jungfrau sitzt auf einem Pferd und lächelt anzüglich zum Café Rotonde hinüber. Im Café Rotonde schlagen amerikanische Soldaten, Weiße und Farbige, Kreuzfahrer, Glaubenskämpfer, den Sonntag tot, und Jeanne d'Arc läßt sie nicht an Siege, sondern nur an Mädchen denken. Es gibt Mädchen in Orléans; sie leben in Pensionaten, und ich weiß nicht, warum dies so ist. Nonnen führten gesenkten Blickes die junge Schar an der Rotonde vorbei.

Die Loire ist einfach Glück. Sie ist ein stilles und doch unbändiges Wasser. Lange Strekken liegt sie wie eine träge Schöne in einem nachlässig gemachten Bett und gibt sich, nachdem sie mit den Königen hurte, den stillen Anglern hin. Auf ihren Sandbänken, auf ihren Inseln können Götter wohnen. Ihre Farbe ist der rote Mohn, ist die Kornblume, ist die Lupine. Wie Läufer begleiten die Blumen den Fluß. Man könnte auch sagen, daß die Loire der französische Sommer ist. Sie braucht Sonne. Wenn der Himmel bedeckt ist, erinnert man sich der Geschichte, die ihre Dunkelheit, ihre bösen, ihre blutroten Flecken hat. Die gelobten, die berühmten Schlösser dienten – mit Ausnahmen – der Lust und nicht der Angst, wenn man auch Angst einjagen mußte, um so viel Lust genießen zu können. [...]

Auch Tours, die alte Stadt, die Heimat von Rabelais, Balzac, der Jugend Descartes', scheint die Patina ihrer großen Jahrhunderte in den letzten Zerstörungen für immer verloren zu haben. Die Hauptstraße, die Rue Nationale, die sich von der Loire, von der Wilsonbrücke wie ein gerader Strich durch die Stadt zieht, ist wieder aufgebaut, ist belebt, sogar lebendig, doch gesichtslos. Aber der erste Eindruck täuscht, und selbst ein neuer Platz, wie der des Marschall Foch, ist zumindest am Abend das alte echte Frankreich. Vor sauberen Hotels, vor hellen Cafés sitzt der Bürger, und die Bäume sind wieder gewachsen, schon wieder gestutzt. Das schönste Leben aber sammelt sich auf der Place Jean-Jaurès: ein Forum des Volkes, zu Recht nach seinem Freund, dem Märtyrer des Friedens, genannt. Baumalleen, Cafés, Brasserien, Handwerker, Vertreter, Postboten, Rekruten, junge Leute, Mütter, Kinderscharen. Sie trinken Bier, sie trinken Limonade, und alle essen bei sich zu Hause. Die Restaurants bieten einen Tisch, der schlecht, oder teuer und schlecht ist. Auch um Tours herum wächst köstlicher Wein, aber die Wirte von Tours beziehen das elende Getränk aus Fabriken. Dennoch, ich blieb inTours, ich sah den Hexenplatz Plumereau, die Rue du Change, vor Alter müdgeneigte Häuser aus Ludwigs XI. Zeit, bewohnt, geliebt, gehaßt, Rabelais' Welt und noch immer Heimat. Abendbrotgerüche. Kinderstimmen hinter angelehnten Fensterläden und die Schwadron der Jünglinge auf Motorrädern, brausend, knatternd um die engen Ecken. Schulterschmale Gassen zum Fluß hinunter. Stimmen, die sich zur Nacht bereiten, in der Luft wie ein Chor von Geistern. Über der Loire Wind und Wolken und Blitze eines fernen Gewitters. Am Tag karrt man Gemüse über die Place Plumereau zum nahen Markt und den Hallen. Bettler und bettelnde Hunde zeigen sich und bourgeoise Katzen. Mensch und Tier raufen am Abfalleimer, streiten um den Knochen. Eine Vagabundin findet einen Sonnenschirm, spannt ihn auf, promeniert, kokettiert, setzt sich in Szene. Die andern Bettler animieren, klatschen in die Hände, pfeifen. Dies vor dem Hintergrund eines mörteligen verfallenen Turmes. Im Überschwemmungsbett der Loire schlafen wandernde Chlochards. Flaschen, Zeitungen, Bündel auf Gras und Sand. Der großzügige Brückenplatz über diesen Armen heißt nach Anatole France. Ein Denkmal für Rabelais. Es überraschte mich, ihn so mönchisch zu sehen, weißgekuttet. Auf der anderen Seite des Platzes das Denkmal für Descartes. Er wiederum ist als nachdenklicher Kavalier des Barock dargestellt, durchaus ein großer Herr, und das «cogito ergo sum» auf dem Sockel klingt nun merkwürdig anmaßend, oder man möchte meinen,

Angers. Die Place du Ralliement im frühen 20. Jahrhundert. Im Hintergrund erkennt man die Türme der Kathedrale Saint-Maurice.

es sei von irgendwelchen Professoren nachträglich erfunden worden. Er dachte, also war er. [...] Ich fuhr zur Bechellerie, zum verwaisten Landsitz von Anatole France. Ein schier endlos langer schmaler Weg zwischen hohen Gartenmauern aus festgefügten Steinen. Endlich kam der Besitz des Dichters und war eine richtige Ferme, ein französischer Bauernhof. Ein Schimmel ackerte im Feld. Ein hohes Tor. Die Glocke läutete nicht. Ich kletterte am Tor empor, blickte in den Garten hinunter und wurde vom Kind des Verwalters für einen Reiter gehalten. «Un cavalier, un cavalier», rief der kleine Junge und brach, als sein Vater das Tor geöffnet hatte und der Reiter nicht zu sehen war, in Tränen aus. Ein echter Bauerngarten und doch eine Göttin über dem Brunnen. Verschlafene Sommernatur wie in französischen Romanen. Die Zimmer kühl und dunkel; erst als der Verwalter die Fensterläden aufstieß, brach das Licht herein. Verschlissene Pracht, Antiquitäten, Kuriositäten, die France von Reisen mitgebracht hatte. Gespenstisch wirkten die Abgüsse von Händen, die auf allen Möbeln ruhten. Die Hand des Dichters, die Hand des Nobelpreisträgers, die Hand seiner Frau, die Hände seiner vielen Freundinnen. Weiße Schatten und tot, tot, tot. Unendlich viel Fotografien, und France immer in der Haltung des großen berühmten Mannes. Mehrere Arbeitsräume. Hilfskammern. Viel Eitelkeit. Aber das Sterbezimmer klein und ein sehr bescheidenes Bett. Doch im Nebenhaus trauert das üppige wollüstige Renaissancehimmelbett aus Italien. (France schlief in ihm in seiner Villa in Paris.) Bücher, Büsten, Vergangenheit. Die Prominenzen und die Aufregungen aus dem

Das Schloß Gien überragt das gleichnamige sehenswerte Städtchen. Das Schloß wurde im 15. Jahrhundert auf Initiative von Anne de Beaujeu, der ältesten Tochter Ludwigs XI., anstelle einer älteren Burg erbaut. Der schlichte, zweigeschossige Bau ist aus Backstein errichtet.

Beginn des Jahrhunderts. Vergessene Namen, nicht mehr zu lesende Seiten. Aber wo fände man heute ein Blatt wie die verblichene alte Zeitung mit dem «J'accuse» von Zola? [...]

Saumur wurde, wie ich gehört habe, einmal die goldene Stadt genannt. Sie soll bis in die Ferne geleuchtet haben. Saumur war, als ich es sah, von Teppichen roten Mohnes umgeben, lag aber unter einem bedeckten Himmel mit seinen alten Häusern grau, mit seinen neuen gelblich verputzt und glanzlos da. Das Schloß steht natürlich wie jedes Château romantisch auf seinem Berg. Man tritt in eine Festung ein, darf in Kerker hinuntersteigen, Verliese sehen, Grabesluft atmen. Über den alten Todeskammern gibt es nun zwei Museen: das Museum des Porzellans und das Museum des Pferdes. Die Führung ist obligatorisch.

In Angers tagte der Frontkämpferverband, ein französischer «Stahlhelm». Man sah sie in Gruppen in allen Straßen, vorwiegend ältere Jahrgänge. Teilnehmer des ersten Weltkriegs. Männer vom Lande, braunrote Ackergesichter, derbe Schuhe, dörfliche dunkle Sonntagsanzüge, dazu Baskenmützen und ein Abzeichen. Ich glaube, sie waren wohlhabende Landbesitzer, vertraten energisch ihre Forderungen, machten Geschäfte, beeinflußten die Wahlen und drehten den Sou um, in der Geizhaltung, die Balzac beschrieben hat. Sie saßen im Speisesaal eines Hotels am Markt. Sie saßen an langen Tischen, dörflich oder interessenmäßig vereint. Die Fernsehkamera filmte sie. Sie waren eine wichtige Stimme. Paris hörte sie. Sie tranken Wein, den sie gebaut hatten, und verzehrten das Menü aus dem Fleiß ihrer Felder und ihrer Ställe. Ich dachte an das Beinhaus von Verdun, an all die großen Friedhöfe des Nordens, denen diese Männer gerade noch entkommen waren. Sie besuchten das Schloß von Angers, das mit seinen Mauern und Türmen für uneinnehmbar galt. Ich ging mit ihnen über die Wehrgänge, sah das süße Frankreich im Bogen der Loire liegen, sprach nun mit seinen Beschützern und verstand sie nicht, die im Kellermuseum des Schlosses die Teppiche mit den Darstellungen der Apokalypse nicht erschütterten.

Wolfgang Koeppen, 1979

In dem mächtigen Rundturm von Amboise (links vor dem zierlicheren, königlichen Wohntrakt) konnten An- und Abreisende mit Pferd und Wagen direkt von der Straße bis in den hoch über der Loire gelegenen Innenhof des Schlosses fahren. 1539 wäre Kaiser Karl V. anläßlich eines Besuches bei Franz I. in diesem Turm beinahe ums Leben gekommen, nachdem Wandbehänge durch die Fackeln der Wachsoldaten Feuer gefangen hatten.

Nächste Doppelseite: Sommernachtsfeste in Amboise beleben heute als touristische Attraktion den höfischen Prachtbau und lassen ahnen, in welchem Rahmen sich einst das Hofleben abspielte. Amboise war aber auch Schauplatz tragischer Ereignisse. Hier starb nach einem Unfall Karl VIII. (1498), 1560 ließ Katharina de Medici Dutzende von Hugenotten in Amboise bestialisch ermorden.

Die begehrte Flußlage, nicht nur von Schloßherren geschätzt, findet sich auch in der Altstadt von Amboise. Sie hat auf schmalem Grund schöne, hochgebaute Privathäuser entstehen lassen.

Als Karl VIII. 1495 von seinem Italienfeldzug zurückkehrte, brachte er italienische Künstler, Architekten und Gartenbaumeister wie Pacello mit, der in Amboise ein Blumenparterre anlegte, das man von diesem Gebäudekomplex, der sogenannten Königswohnung aus, überblicken kann (links). Die heute in der Schloßanlage von Amboise frei stehende Kapelle Saint-Hubert war im 16. Jahrhundert noch Teil eines Schloßflügels und gehörte direkt zum Logis der Königin. In ihr wurde Leonardo da Vinci beigesetzt (rechts).

In Amboise: Ein Restaurant stellt sich vor und weckt Träume von französischen Tafelfreuden im «Garten Frankreichs».

Chenonceaux: Über eine Zugbrücke erreicht man die von Wassergräben umgebene Terrasse, auf der die mittelalterliche Burg von Chenonceaux stand. Von dieser ist nur noch ein Turm (rechts im Bild) erhalten.

Chenonceaux: Der Renaissancebau der Diana von Poitiers wurde quadratisch angelegt. Beim Einzug der Mätresse Heinrichs II. stand dieser Trakt bereits. Die sportbegeisterte Rivalin der Katharina de Medici ließ vom Schloß eine Brücke zum anderen Ufer des Cher schlagen, um von hier Ausritte in die Umgebung unternehmen zu können.

Die für Feste und Empfänge gedachte Galerie von Chenonceaux ließ Katharina de Medici nach dem Tod Heinrichs II. und der Verbannung der Diana von Poitiers nach Chaumont der Brücke aufpflanzen. So entstand in mehreren Etappen eines der originellsten Bauwerke der Renaissance.

Nächste Doppelseite: Die Figurennischen der Schloßgalerie, in denen jetzt Pflanzen stehen, sieht man auf alten Gemälden mit Skulpturen ausgestattet. Die Atmosphäre wirkt heute etwas nüchtern. Im 16. Jahrhundert fanden hier dagegen Feste von unvorstellbarer Prachtentfaltung statt.

Im Erdgeschoß von Chenonceaux ist dieses Zimmer nach Franz I. benannt. Auf prächtigen Tapeten, die die berühmten Ledertapeten des 16. Jahrhunderts imitieren, ist das Gemälde der Diana von Poitiers als Jagdgöttin Diana zu sehen. Das Bild der Favoritin Franz' I. und der seines Sohnes Heinrichs II. wird dem italienischen Maler Francesco Primaticcio zugeschrieben.

Das grüne Kabinett der Katharina de Medici ist ebenso klein wie ihre angrenzende Bibliothek auf Chenonceaux. Vom Kabinett aus führt eine enge Tür (rechts im Bild) in das sogenannte Zimmer der Diana von Poitiers.

Im Salon Ludwigs XIII. (auch Salon Ludwigs XIV. genannt) wurde der große Kamin mit den königlichen Emblemen – dem Salamander links für Franz I. und dem Hermelin rechts für Claude de France – im 19. Jahrhundert restauriert. Neben dem Kamin hängt das Porträt Ludwigs XIV. von Hyacinthe Rigaud in einem prächtigen Goldrahmen.

Der Überlieferung nach spendete Agnès Sorel, die Mätresse Karls VII., der Kirche große Summen, um einmal ihr Grabmal in der Kirche von Loches zu erhalten. Als die Geistlichen nach ihrem Tod 1450 den König baten, sie auf dem Schloß und nicht in der Kirche zu bestatten, soll dieser unter der Bedingung zugesagt haben, alle Schenkungen der Agnès zurückzuerhalten. Daraufhin blieb deren Grabmal bis zur Französischen Revolution in der Kirche und wurde erst später hier im Schloß aufgestellt. Es zeigt Agnès in Lebensgröße und von zwei Engeln betrauert.

Maurice de Talleyrand-Périgord war Finanzverwalter unter Napoleon Bonaparte und Minister des Auswärtigen Amts. Auf Schloß Valençay empfing er Diplomaten und ausländische Gäste und machte das von ihm im Empire-Stil umgestaltete Schloß zum repräsentativen Treffpunkt der Prominenz aus Politik und Adel.

Eine Kopie der schlafenden Ariadne aus dem Vatikan in einer Nische im Schloß Valençay. Die der Sage nach auf Kreta heimische Naturgöttin gab Theseus das Garnknäuel, mit dem er aus dem Labyrinth herausfand.

REISEN IM TAL DER LOIRE

Die Anordnung der Sehenswürdigkeiten im Tal der Loire legt dem Reisenden eine Routenführung von Osten nach Westen nahe. Wer nur wenige Tage unterwegs ist, wird sich auf die herausragenden Denkmäler beschränken. Es empfiehlt sich aber, den Reichtum der Loire mit etwas mehr Muße zu genießen und durch einige Abstecher die große Bandbreite dieser Landschaft zu erfahren. Die nachfolgende Beschreibung entspricht einem Reiseprogramm von etwa vierzehn Tagen.

DER AUFTAKT: DAS ORLÉANAIS

Sancerre Der Weinkenner wird seine Exkursionen möglicherweise bereits in Sancerre beginnen, um dem dortigen fruchtigen Weißwein seinen Respekt zu zollen.

Gien Das Städtchen Gien lädt wegen seiner traditionsreichen Porzellanfabrik zum Verweilen ein. Sehenswert ist dort das Schloß, das im 15. Jahrhundert auf Initiative der Anne de Baujeu entstand. In seinen Räumen befindet sich heute ein internationales Jagdmuseum.

Sully-sur-Loire Ein anderer geeigneter Einstieg bietet sich in Sully-sur-Loire, dessen Burg, wenn man von einigen Veränderungen in der Renaissancezeit absieht, im wesentlichen aus dem 14. Jahrhundert stammt und ein typischer Vertreter für die Feudalarchitektur des Hochmittelalters ist: eine vieltürmige wehrhafte Anlage, die von einem Wassergraben umschlossen wird. 1602 erwarb Maximilien de Béthune, Freiherr von Rosny, den Besitz und führte fortan den Namen Sully. Er stand in unverbrüchlicher Treue zu Heinrich IV., dem er über lange Jahre als Finanzminister diente. Es war besonders sein Verdienst, daß die zerrütteten Staatsfinanzen wieder auf soliden Boden gestellt wurden. Der König dankte es ihm mit der Erhebung in den Herzogstand. Im 18. Jahrhundert hielt sich *Voltaire* längere Zeit auf Schloß Sully auf, wohin er wegen seiner polemischen Gedichte aus Paris verbannt worden war.

Saint-Benoît-sur-Loire Wie immer nun ein jeder seinen persönlichen Auftakt gestaltet, an der berühmten romanischen Klosterkirche Saint-Benoît-sur-Loire führt kein Weg vorbei. Im Frühmittelalter trug das Kloster noch den Namen Fleury. Die Übertragung der Reliquien des heiligen Benedikts, des Vaters des abendländischen Mönchtums, führte im 7. Jahrhundert dann aber zur späteren Umbenennung. Man hatte die sterblichen Überreste Benedikts vor den Sarazenen aus Montecassino in Italien hierher in Sicherheit gebracht. Die bedeutenden Reliquien sicherten dem Kloster schon früh ein hohes Ansehen. Zur Zeit Karls des Großen war die Abtei eine der wichtigsten Bildungsanstalten des Reiches. Nach wiederholten Brandschatzungen durch die Normannen wurde Ende des 10. Jahrhunderts ein Neuanfang gemacht. Ab 1026 entstand der *Westturm* als ehrgeiziges Projekt des Abtes Gauzlin, der damit eines der ersten ganz in Quadern (und nicht in Bruchstein-Mauerwerk) aufgeführten Bauwerke der beginnenden Romanik schuf.

Auch im Hinblick auf die Skulptur war dieser Turm epochemachend: Er besitzt nämlich in seinen beiden Geschossen einen Zyklus von 128 Kapitellen mit figuralem und ornamentalem Dekor. Die noch recht derb und unbeholfen wirkenden Arbeiten gehören zu den ältesten bauplastischen Werken der französischen Romanik und gelten als Wegbereiter für die benachbarte burgundische Skulptur. Zweitältester Teil der Kirchenanlage ist die Ostpartie mit breit ausladendem Querhaus, rechteckigem Vorchor und dem Chorhaupt, um das sich ein Umgang mit radial ausstrahlenden Kapellen legt. Dieser Komplex entstand im ausgehenden 11. Jahrhundert. Ende des 12. Jahrhunderts wurde der basilikale Mittelbau zwischen Westturm und Chor hochgezogen. Nach wiederholten Unterbrechungen der Bauarbeiten kam es erst Anfang des 13. Jahrhunderts zur endgültigen Weihe. Ungeachtet der beträchtlichen zeitlichen Divergenzen zwischen den einzelnen Bauabschnitten macht die gesamte Anlage einen überraschend einheitlichen Eindruck. Mit ihren stattlichen neunzig Metern Länge ist sie zugleich das größte Denkmal der Romanik im gesamten Loiregebiet.

Germigny-des-Prés Nur wenige Minuten von Saint-Benoît entfernt erlebt der Kunstreisende das besterhaltene Denkmal aus karolingischer Zeit in Frankreich, die Kapelle von Germigny-des-Prés. Sie gehörte im 9. Jahrhundert zu einer ausgedehnten Villenanlage, die sich der Abt von Saint-Benoît, Theodulf, hatte errichten lassen. Er war zugleich Bischof von Orléans und gehörte zum engen Beraterkreis Karls des Großen. Nach dessen Tod fiel der gelehrte Theodulf, der einem alten westgotischen Geschlecht entstammte und aus Spanien an die Loire berufen worden war, jedoch in Ungnade und wurde verbannt.

Von dem Villenkomplex, der Theodulf als Refugium diente, ist einzig die Kapelle erhalten. Architektur und Mosaiken weisen auf Verbindungen mit der byzantinischen Kunst als Vorbild hin. Der erhaltene und restaurierte Mosaikdekor ziert die *Ostapsis*. Aus rund 130000 farbigen Steinen

Gien. Für viele Reisende ist das Schloß in der traditionsreichen Porzellanstadt der Auftakt zur Schlössertour im Tal der Loire. In seinem Innern befindet sich heute ein sehenswertes Jagdmuseum.

Wer Gien übergeht, wird spätestens in Sully-sur-Loire den Faden aufnehmen, der alsbald von einem Schloß zum nächsten führt. Der besondere Reiz von Sully ist seine Lage inmitten von Wasser.

Vom Schloßplatz aus bietet sich ein guter Blick auf die verwinkelten Altstadtgassen von Blois und die sie überragende gotische Kirche Saint-Nicolas. Chor, Querhaus und erstes Langhausjoch der ehemaligen Abteikirche stammen aus dem 12., die anderen Teile aus dem 13. Jahrhundert.

Die karolingische Kirche in Germigny-des-Prés von Osten. Aus dieser Perspektive macht das Denkmal den Eindruck eines Zentralbaus, der es ursprünglich auch tatsächlich war. Der Anbau eines Langhauses im Westen erfolgte erst später.

Blois. Blick von der Freitreppe Denis-Papin mit ihrem farbenfrohen Blumenrondell in Richtung Loire auf die Rue Denis-Papin. Die 121 Stufen der Treppe verbinden die Unter- mit der Oberstadt.

Blois, im Innern des Schlosses: Kabinett der Katharina de Medici. In der Holzvertäfelung sind mehrere Geheimfächer eingelassen, die nur über einen versteckten Mechanismus am Boden zu öffnen sind. Hier verbarg die geniale Intrigantin Geheimdokumente und angeblich auch Gift.

zusammengesetzt ist dort die Bundeslade dargestellt, die von zwei Cherubim, den höchsten Engelswesen, bewacht wird.

Orléans Über Châteauneuf erreicht man von Germigny aus in einer halben Stunde Autofahrt das geschichtsträchtige Orléans. Wer vom Charme vieler historischer Altstadtzentren Frankreichs verwöhnt ist, wird von der eher nüchternen Atmosphäre Orléans enttäuscht sein. Während nämlich die Städte Frankreichs im Zweiten Weltkrieg meist glimpflich davonkamen, mußte Orléans eine teilweise Zerstörung hinnehmen. Der Wiederaufbau kann nicht als besonders geglückt betrachtet werden. Dennoch machen die Denkmäler der Stadt den Besuch lohnend. Weithin beherrscht die gotische *Kathedrale* das Umfeld. Im 13. Jahrhundert begonnen, wurde mit Unterbrechungen über Jahrhunderte an dem Bauwerk gearbeitet, bis es schließlich erst im 19. Jahrhundert zur endgültigen Fertigstellung kam. Dennoch hielt man sich getreulich an den ursprünglichen Plan, so daß Sainte-Croix als enger Verwandter der Vorbilder in der Ile de France erscheint. Schräg gegenüber der Kathedrale vertritt das *Rathaus* die reife französische Renaissance. In seinen Mauern verstarb 1560 Franz II. Seine junge Witwe Maria Stuart, Königin von Schottland, ging daraufhin in die Heimat zurück, wo ihr alsbald in der Auseinandersetzung mit Elisabeth von England ihr bekannt trauriges Schicksal widerfuhr.

Auf der weiteren Fahrt entlang dem rechten Loireufer lädt *Meung* zum Verweilen ein. Sein aus dem 13. Jahrhundert stammendes Schloß diente den Bischöfen von Orléans bis ins 18. Jahrhundert als Zweitresidenz.

Beaugency Schon nahe der Grenze zwischen Orléanais und Blésois stößt der Reisende in Beaugency auf einen weiteren Ort voller Erinnerungen an die Geschichte.

1152 trat in Beaugency das Konzil zusammen, das die Ehe zwischen Ludwig VII. und Eleonore von Aquitanien für ungültig erklärte und der ehrgeizigen Herzogin damit den Weg zu ihrer Vermählung mit Heinrich Plantagenet ebnete. Aber auch an ein anderes Konzil ist zu erinnern, das gleichfalls in Beaugency stattgefunden hat. 1104 wurde Philipp I. an diesem Ort mit dem Kirchenbann belegt, weil er seine rechtmäßige Ehefrau verstoßen und die Frau des Grafen von Anjou gewaltsam entführt hatte.

Eine gut erhaltene mittelalterliche Kulisse läßt die Rückschau auf die historischen Ereignisse lebendig werden. Einen kraftvollen Akzent setzt der alles andere überragende *Donjon* aus dem 11. Jahrhundert, eines der besten Beispiele der frühen Festungsarchitektur. In seinen Schatten duckt sich die romanische Kirche *Notre-Dame*, in der die beiden zitierten Konzilien stattfanden. Ein benachbartes kleines Schloß (heute Rathaus) der frühen Renaissance vermag nicht, mit dem Donjon zu konkurrieren.

Talcy Auf dem weiteren Weg in Richtung Blois verlockt das Schloß Talcy zu einem kleinen Schlenker nach Norden. Nach außen erscheinen die mittelalterlichen Mauern abweisend, im Innern aber überrascht die gute Erhaltung der Ausstattung aus der Renaissancezeit. Weitere Besonderheiten von Talcy sind sein *Taubenhaus* aus dem 16. Jahrhundert und die vierhundert Jahre alte *Weinkelter* (Weinpresse).

Schloß Blois. Wandnische eines Gemachs im Flügel Franz' I. Der obere Teil der Nische sowie der Fußboden sind mit stark stilisierten goldenen Lilien auf blauem Grund geschmückt, wie sie im Wappen der französischen Könige seit dem späten 12. Jahrhundert vorkommen.

Ménars Kurz vor Blois stößt man auf das Schloß Ménars, das dicht am Ufer der Loire aufragt. Erst 1637 begonnen, gehört es zur kleinen Gruppe der in der Barockzeit entstandenen Schlösser. Eine bauliche Umgestaltung nahm im 18. Jahrhundert die prominenteste Bewohnerin des Schlosses vor, die *Marquise de Pompadour*, die zwei Jahrzehnte lang als Mätresse Ludwigs XV. die heimliche Herrscherin Frankreichs war. Ménars diente ihr als Rückzugsmöglichkeit vor der Intrigenwirtschaft von Versailles.

SCHLÖSSER OHNE ZAHL: DAS BLÉSOIS

Um sich die Schätze des Blésois zu erschließen, empfiehlt es sich, für zwei oder drei Tage ein festes Quartier zu beziehen, sei es in Blois selbst oder in einem der behaglichen Gasthöfe in der Umgebung.

Blois Den Auftakt der Besichtigungen bildet natürlich das Schloß in Blois, das in vier Epochen entstanden ist. Ältester Teil ist der Ständesaal aus dem 13. Jahrhundert, der als einziger Rest des mittelalterlichen Vorgängerbaus den späteren Neubauten angegliedert wurde. Seit Ende des 15. Jahrhunderts erfolgte der großangelegte Ausbau. Zuerst entstand der *Flügel Ludwigs XII.*, dessen nach außen gewandte Seite noch das strenge Gesicht einer wehrhaften Anlage zeigt. Auf der Hofseite entstanden die charakteristischen offenen Arkaden und großen Fenster zur Zeit der Renaissance. Ebenfalls aus dieser Zeit stammt die kleine Schloßkapelle, die aber noch ganz in gotischen Formen gehalten ist. Ihr gegenüber, im rechten Winkel zum Flügel Ludwigs XII., baut sich der *Trakt Franz I.* als großartige Architekturkulisse auf. Auffallender Blickpunkt ist hier der achteckige *Treppenturm*, der mit Skulptur und Ornament dekoriert ist. Desgleichen ist die gesamte Fassade reich verziert und zeigt die Gliederungselemente, die damals von der italienischen Renaissance übernommen wurden. Allein die Unbekümmertheit, mit der man dabei verfuhr, dürfte das Empfinden eines Italieners jener Zeit irritiert haben. So sind die Fenster unterschiedlich groß, einige von ihnen besitzen ein Fensterkreuz, andere wieder keines, auch sind die Abstände der Fenster zueinander nicht vom Gesetz der Harmonie und Symmetrie bestimmt. Aber gerade das macht die Lebendigkeit und den Schwung dieses Traktes aus, der anders vielleicht zu nüchtern ausgefallen wäre.

Ein Teil dieses Flügels wurde abgerissen, als Gaston d'Orléans, der jüngere Bruder Ludwigs XIII., mit der Grafschaft Blois belehnt wurde und einen vollständigen Neubau des Schlosses in Angriff nahm. *François Mansart* leitete das Projekt, von dem aber nur ein Teil zur Ausführung kam. Als nämlich 1638 nach dreiundzwanzig kinderlosen Ehejahren Anna von Österreich den kaum mehr erhofften Stammhalter gebar, den späteren Ludwig XIV., war Gastons Aussicht, doch noch den Thron zu erben, endgültig Illusion. Richelieu sperrte deshalb erbarmungslos die finanziellen Zuwendungen an den Bruder des Königs, und die Arbeiten in Blois mußten eingestellt werden. Angesichts der kalten Pracht des *Flügels Gastons d'Orléans* ist der heutige Besucher von Blois darüber eher froh.

Während der Revolution wurde das Schloß geplündert. Im Zuge neuerer Restaurierungsmaßnahmen sind jedoch die Räumlichkeiten glänzend wiederhergestellt worden. Folglich fällt es nicht schwer, sich die zum Teil dramatischen Ereignisse, die sich hier abspielten, vorzustellen, allen voran die Ermordung des Herzogs von Guise 1598, die sich im Schlafgemach des Königs im zweiten Stockwerk ereignete.

Im *Kabinett der Katharina de Medici* sind noch die alten Wandvertäfelungen mit den eingelassenen geheimen Fächern erhalten, die nur über einen versteckten Mechanismus zu öffnen sind. Hier bewahrte die Drahtzieherin der Bartholomäusnacht (das Blutbad im Religionskrieg des Jahres 1572) und zahlreicher anderer Komplotte geheime Dokumente, Briefe und wohl auch Gift auf.

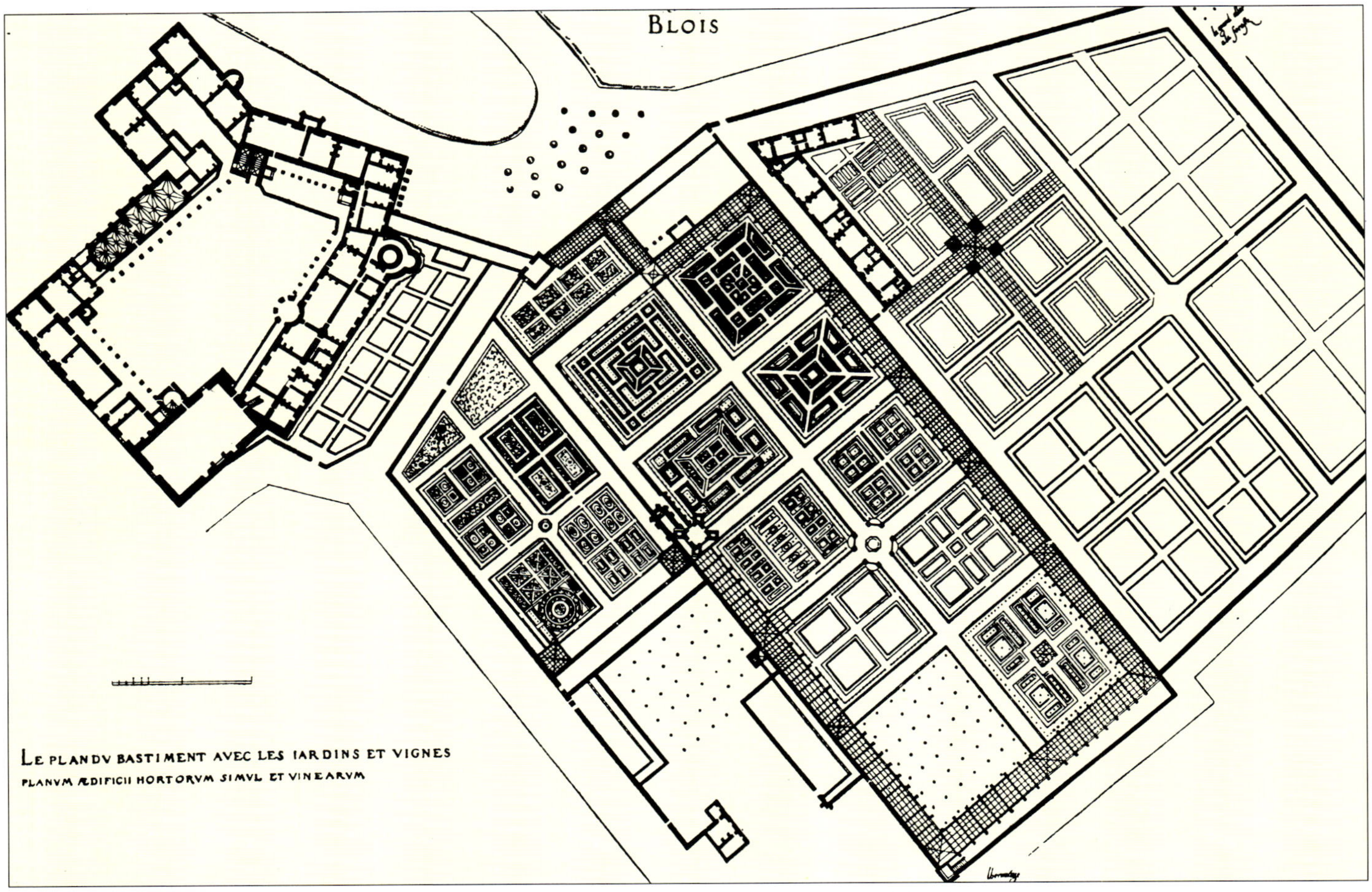

Grundriß und Umgebungsplan des Schlosses in Blois. Die Zeichnung gibt die Situation im frühen 17. Jahrhundert wieder.

Erst ein Rundgang um den Schloßkomplex macht dessen gewaltige Dimensionen deutlich. Die schönste Ansicht bietet sich von Norden, wo in mehreren Etagen übereinander die Loggien des Flügels Franz' I. zu sehen sind.

Trotz der Zerstörungen des letzten Weltkriegs hat das Städtchen zu Füßen des Schlosses einiges von seiner historischen Substanz bewahren können. Namentlich die Fußgängerzone lädt zu einem kleinen Bummel ein.

Chambord An Größe wird Blois nur noch von Chambord übertroffen, das man von Blois in kurzer Zeit erreicht. Eine 32 Kilometer lange Mauer umschließt ein Areal von fünfeinhalbtausend Hektar. Etwa ein Viertel davon ist Parkfläche, der Rest ist Wald, der Franz I. und vielen seiner Nachfolger als Jagdrevier diente. Schon die Grafen von Blois waren hier im Mittelalter zur Jagd gegangen und besaßen an der Stelle, wo sich jetzt Chambord erhebt, ein kleines Jagdschloß. Dieses ließ Franz I. abreißen, um sich ein eigenes Jagdschloß errichten zu lassen. Aus dem Unterfangen wurde das größte aller Loireschlösser. Dem König schien nichts zu kühn: Sogar die Loire wollte er umleiten lassen, um mit ihrem Wasser die Gräben und Wasserspiele des Schlosses zu speisen. Doch die Architekten machten hierbei nicht mit. Immerhin wurde der Cosson, ein kleiner Seitenarm der Loire, nach Chambord umgeleitet. Alle politischen Mißerfolge ignorierend, ungeachtet aller finanziellen Engpässe trieb Franz I. die Bauleute ständig an, so daß die Arbeiten keine Unterbrechungen erfuhren. Dennoch waren die Maße derart gigantisch angelegt, daß das Projekt zu Lebzeiten seines Initiators nicht mehr fertiggestellt wurde. Zwar hat Heinrich II. die Bauarbeiten noch fortführen lassen, aber schließlich wurde das Unternehmen abgebrochen, ohne daß es zur Vollendung gekommen wäre. Chambord ist also das ganz persönliche Denkmal Franz' I. Die Alibi-Funktion als «Jagdschloß» wird von der mit diesem Bauwerk intendierten Selbstdarstellung des Herrschers überlagert. Dem heutigen Betrachter mag das zugleich auch als Größenwahn erscheinen. Tatsächlich ist ein Hang zum Exzentrischen und zum Bombastischen ein Charakterzug aller Herrscher aus dem Hause Valois gewesen. Da sich diese Veranlagung bei Franz I. aber mit einem untadeligen Charakter verband, mag das Urteil der Geschichte in diesem Fall versöhnlich ausfallen.

Die Hauptansicht des Schlosses weist nach Nordwesten. Über eine Länge von 156 Meter breitet sich die *Fassade* vor

Blick auf die Altstadt von Blois. Im Hintergrund erkennt man den Turm der Kathedrale Saint-Louis (siehe auch Seite 57).

Blois. Der Flügel Ludwigs XII. von der Hofseite her gesehen. Er ist eines der ersten Beispiele der Renaissancearchitektur in Frankreich.

Zu den bizarrsten Eindrücken einer Schlössertour im Tal der Loire gehört ein Rundgang über die Terrassen des Dachgeschosses von Chambord. Im Gewirr der Türmchen, Kamine und Erker wähnt man sich in einem Labyrinth.

Chaumont ist eines der wenigen Schlösser, die zumindest nach außen ihren mittelalterlichen Ursprung nicht verleugnen. Hier steht das wehrhafte Element ungeschminkt im Vordergrund.

Cheverny ist das schönste Schloß aus der Bourbonenzeit (17. Jahrhundert), als nur noch wenige Feudalbauten im Tal der Loire entstanden. Im krassen Gegensatz zu der geringen Tiefe des Bauwerks (siehe Seite 48) präsentiert sich die Hauptansicht zur Parkseite in der abwechslungsreichen Gruppierung von fünf voneinander abgesetzten Baukörpern.

Oben und unten: Cheverny ist auch heute noch zum Teil bewohnt und deshalb nicht in allen Räumen für Besucher zugänglich. Da es der Plünderung in der Revolution entging, kann man noch sehr authentisch die gehobene Wohnkultur des 17. Jahrhunderts erleben. Mit besonderem Prunk sind die großen Kamine ausgestattet.

dem Betrachter hin. Sie besteht aus drei Teilen: In der Mitte ragt als Nachfahre des mittelalterlichen Donjons der quadratische Wohntrakt auf. An dessen Ecken treten dickbauchige Rundtürme hervor. Ihnen antworten zwei weitere als Abschluß der beiden niedrigeren Seitentrakte. Die geballte Kraft dieser vier Türme verleiht der Anlage einen stringenten Zusammenhalt. Nur an dieser Vorderseite sind die Seitenflügel bis zur ursprünglich geplanten Höhe ausgeführt. An den drei anderen Seiten sind die Trakte, die den *Donjon* im Geviert umziehen, über das Parterregeschoß nicht hinausgekommen.

Durch das Hauptportal auf der Rückseite gelangt der Besucher zunächst in den allseits umschlossenen Innenhof, in den

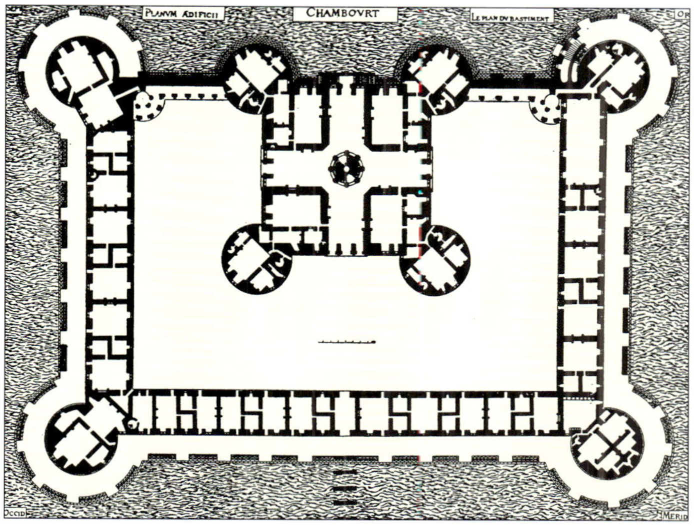

Chambord. Die Planzeichnung macht deutlich, daß der «Donjon» im Mittelpunkt des großräumigen Gevierts das Herzstück der Anlage bildet.

der Mittelteil mit den Wohntrakten weit vorstößt. Wie am Außenbau herrscht auch im Innern strenge Symmetrie. Vier Korridore teilen die Flügel des Kernbaus derart, daß in den vier Ecken Quadrate entstehen, in denen die Wohnräume eingerichtet waren. Im Zentrum der Anlage führt eine *Wendeltreppe* aufwärts, die schon bei ihren Zeitgenossen Staunen hervorrief. Sie besteht aus zwei spiralförmig ineinander verdrehten Treppenläufen, so daß ein auf der Treppe Hinaufsteigender einem auf der anderen Hinabsteigenden nicht begegnet. Die Räumlichkeiten vermitteln kaum wohnliche Atmosphäre. Dies liegt wohl weniger an der heutigen Musealität des Schlosses, sondern ist eher als weiteres Indiz dafür zu werten, daß Chambord primär nicht praktischen Zwecken, sondern vielmehr der Verherrlichung des Königs dienen sollte. Tatsächlich hat sich Franz I. auch nur wenige Wochen in den Mauern seines Lieblingsprojekts aufgehalten, und auch seine Nachfolger mochten sich nicht dauerhaft mit Chambord anfreunden. Dennoch blickt das Schloß auf eine bewegte Vergangenheit zurück. 1539 bot es den festlichen Rahmen für den Besuch Kaiser Karls V., der sich gebührend beeindruckt zeigte und seinem Gastgeber, Franz I., mit der Feststellung schmeichelte, daß «Chambord Inbegriff menschlicher Tatkraft» sei. Ludwig XIV. hat sich wiederholt in Chambord aufgehalten. Zwei Komödien *Molières* gelangten dabei zur Premiere, darunter «Der Bürger als Edelmann». Im 18. Jahrhundert bezog der aus Polen vertriebene *König Stanislaus Leszcynski* Residenz in Chambord, bevor er sich endgültig in Nancy niederließ. Sein Schwiegersohn Ludwig XV. hatte ihm das Schloß überlassen. Bald darauf hielt *Marschall Moritz von Sachsen*, ein illegitimer Sohn Augusts des Starken (der Stanislaus Leszcynski vom Thron gestoßen hatte), Einzug in Chambord, wo er eine aufwendige Hofhaltung pflegte. Mit seinem Tod endet die glanzvolle Geschichte des Schlosses, das danach mehrfach den Besitzer wechselte und bald verfiel. Erst 1930 wurde Chambord Staatsbesitz. Die dringend erforderlich gewordenen Restaurierungsmaßnahmen sind inzwischen mustergültig durchgeführt worden. Am reizvollsten ist der Besuch von Chambord in den Morgenstunden, wenn der Ansturm der Touristen erst noch bevorsteht. Von den Wiesen aufsteigende Nebelschwaden tauchen dann das Schloß bisweilen in eine Aura des Märchenhaften.

Cheverny In der Hierarchie der Schlösser im Blésois rangiert im allgemeinen Cheverny an dritter Stelle. Zwar kann der Bau, was seine Ausmaße anbelangt, nicht mit Blois und Chambord konkurrieren, aber seine einheitliche Gestalt, die harmonischen Verhältnisse der Architektur sowie die Lage in einem ausgedehnten Park machen Cheverny zu einem Kleinod unter den Loireschlössern. Ganz besonders aber ist die ungewöhnliche Erhaltung des Innern hervorzuheben, die vor dem Zugriff der Revolution verschont blieb. Im Rundgang durch die vielen Gemächer erfährt man einen plastischen Eindruck von der Wohnkultur des 17. Jahrhunderts. Weitere Besonderheiten sind in Cheverny der etwas abseits des Schlosses gelegene *Trophäensaal* mit mehr als 2000 Geweihen sowie die stattliche Meute (etwa sechzig Hunde), mit der im Herbst Treibjagden veranstaltet werden.

Chaumont Vierter Programmpunkt eines «Pflichtpensums» im Blésois ist der Besuch des Schlosses Chaumont. Es ist eines der wenigen, die, wie zum Beispiel auch Amboise,

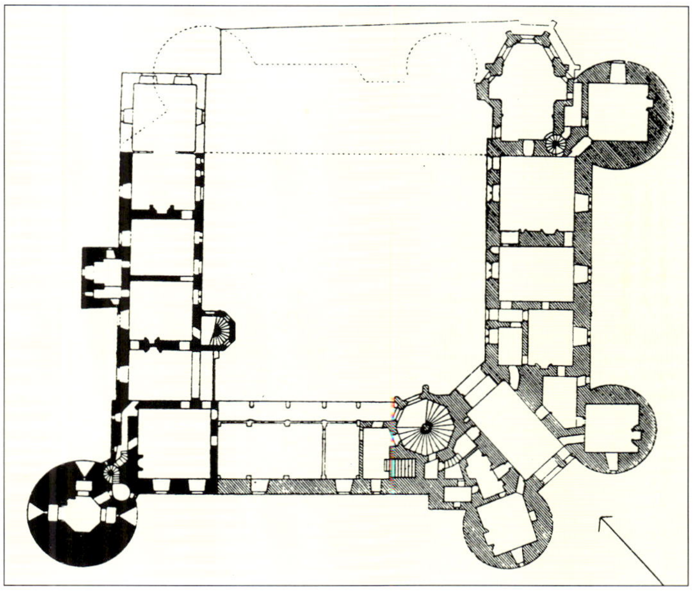

Chaumont. Ursprünglich besaß die Burg auch im Norden einen Flügel, bildete also einen geschlossenen Vierkanthof.

ganz nah an das Ufer der Loire gerückt sind; die meisten haben keinen unmittelbaren Kontakt zum Strom. Schon im 11. Jahrhundert stand an dieser Stelle eine Burg, die der damalige Graf des Blésois, Eudes I., als Bollwerk gegen den expansionslüsternen Fulco Nerra hatte errichten lassen. Nach wie-

Das Schloß Selles-sur-Cher liegt in einem schönen Park direkt am Ufer des Cher. In das Schloß, das Anfang des 17. Jahrhunderts für Philippe de Béthune gebaut wurde, sind Teile einer alten Burg aus dem 13. Jahrhundert integriert.

derholten Zerstörungen wurde der bestehende Bau gleich nach Ende des Hundertjährigen Krieges begonnen. Die Fertigstellung zog sich bis 1511 hin. Die relativ lange Bauzeit erklärt die heterogene Erscheinung der Architektur. Mit seinen klobigen Türmen vermittelt das Schloß dem Besucher, der sich durch eine weitläufige Parkanlage dem Bauwerk nähert, zuerst den abweisenden Eindruck einer Wehrburg. Im *Ehrenhof*, den man über eine Zugbrücke erreicht, gibt dagegen die lockere Note der Renaissance den Ton an. Ursprünglich war der Hof ringsum geschlossen. Als Verteidigungsaspekte endgültig keine Rolle mehr spielten, riß man den Nordflügel ab, so daß sich die Anlage heute freizügig zur Flußseite öffnet. *Katharina de Medici* zwang *Diana von Poitiers*, Chenonceaux mit Chaumont zu tauschen, wo es jene jedoch nicht lange aushielt. Diana floh nach Anet, wo sie ihren Lebensabend verbrachte. Im 18. Jahrhundert etablierte der damalige Besitzer des Schlosses, *Jacques-Donatien Le Ray*, eine Keramik-Manufaktur auf Chaumont. Zum Leiter der Werkstatt berief er den Italiener *Giovanni Battista Nini*, der Chaumont mit seinen meisterlichen *Porträtmedaillons* berühmt machte. Zahlreiche Arbeiten von ihm kann man heute dort bewundern. Anfang des 19. Jahrhunderts umgab sich *Madame de Staël*, die von Napoleon hierher verbannt worden war, auf Chaumont mit einem internationalen Kreis von Schöngeistern, darunter *August Wilhelm Schlegel* und *Adelbert von Chamisso*.

Mancher Tourist hat mit Blois, Chambord, Cheverny und Chaumont sein persönliches Soll erfüllt. Das Blésois besitzt aber noch weitere Kostbarkeiten, die man sich nach Möglichkeit nicht entgehen lassen sollte.

Detail der italienischen Kassettendecke im Königszimmer von Schloß Cheverny. Die beeindruckenden Decken- und Sockelmalereien in diesem Raum stammen von Jean Mosnier (1600 bis 1656).

Fougères-sur-Bièvre Das älteste von drei Schlössern in der Nähe von Cheverny (die beiden anderen sind Beauregard und Villesavin) ist Fougères-sur-Bièvre, dessen wehrhaftes Aussehen im Kontrast zu den vorangegangenen Eindrücken aus Renaissance und Barock steht. Im direkten Vergleich wird deutlich, welche enorme Entwicklung die Schloßarchitektur vom 14. bis zum 17. Jahrhundert durchmessen hat. Hier unterstreicht die hohe abweisende Eingangsfront noch den bis heute erhaltenen Festungscharakter der Anlage.

Beauregard Wieder in die Renaissance versetzt danach der Besuch des Schlosses Beauregard, das Mitte des 16. Jahrhunderts für *Jean de Thier*, einen Hofbeamten Heinrichs II., erbaut wurde. Es besitzt eine bestens bestückte *Porträtgalerie* mit über 350 Gemälden sowie einen einzigartigen Fußboden aus Delfter Kacheln, auf denen eine Schlachtszene dargestellt ist.

Das verträumt am Wasser gelegene Schloß Moulin. Es wurde in den Jahren 1480 bis 1506 von Philippe du Moulin, einem Waffenbruder Karls VIII., errichtet.

In vielen Schlössern an der Loire findet der Besucher hübsche Glasmalereien. Hier an einem Fenster im Schloß Chaumont.

Villesavin Derselben Zeit, also der Mitte des 16. Jahrhunderts, gehört das Schloß Villesavin an, das am Rande des Parks von Chambord liegt. Sein Bauherr war *Jean Le Breton*, der Villesavin als Zweitresidenz nutzte. Sein Stammschloß war Villandry in der Touraine.

Die Sologne Über Cheverny hinaus läßt sich ein Bogen nach Süden schlagen. Man kommt dabei durch die Landschaft Sologne, eine Moorgegend, die von Hunderten von Tümpeln und kleinen Seen durchzogen ist. Die Stille und Abgeschiedenheit dieses Landstrichs, der zudem extrem dünn besiedelt ist, erweist sich nach dem Besuch touristischer Brennpunkte als Wohltat.

Moulin Die Perle der Sologne ist das Schloß Moulin, das ganz versteckt wenige Kilometer westlich des Städtchens Romorantin-Lanthenay inmitten von Wäldern und Wiesen liegt. Der schmucke Renaissancebau, der auf den Mauern eines mittelalterlichen Vorgängers fußt, ist allseits von Wasser umgeben und besitzt noch im Innern – ein seltener Fall – seine komplette Ausstattung aus früheren Jahrhunderten.

Selles-sur-Cher und Saint-Aignan Nach dem ersten Schlösserrausch bieten die *romanischen Kirchen* in Selles-sur-Cher und Saint-Aignan eine reizvolle Abwechslung. Erstgenannte besitzt ungewöhnliche *Reliefs* an der Außenseite des Chores, letztere staunenswert gut erhaltene *Fresken* des 12. Jahrhunderts in der Krypta. Wer diesem Routenvorschlag gefolgt ist, erreicht die Touraine im Tal des Cher.

LEBENDIGER WECHSEL: DIE TOURAINE

Montrichard Wie ein Hüter der Schätze der Touraine erscheint auf der Schwelle zur Nachbarlandschaft des Blésois der klotzige Wehrturm von Montrichard, den im 11. Jahrhundert *Fulco Nerra*, der streitbare Graf des Anjou, hatte errichten lassen. Trotz seiner teilweisen Abtragung Ende des 16. Jahrhunderts macht er noch immer einen stattlichen Eindruck. Vom Turm aus genießt man einen Rundblick über die Häuser und Gassen der Stadt sowie die Brücke über den Cher.

Chenonceaux Welchem der Loireschlösser denn nun die Krone gebührt, darüber ließe sich gewiß streiten. Chambord nimmt den Rang des größten Schlosses ein; Blois ist das architektonisch abwechslungsreichste; Azay-le-Rideau vielleicht das intimste; Villandry auf Grund seiner Gärten das am würdigsten gerahmte; Amboise dank seiner steilen Lage über der Loire das stolzeste; Chenonceaux aber kann für sich den Rang des originellsten aller Schlösser beanspruchen.

Einen mittelalterlichen Vorgängerbau ließ 1512 *Thomas Bohier*, Schatzmeister dreier Könige, bis auf einen Rundturm abreißen. Seine Frau, *Catherine Briçonnet*, führte die Aufsicht über das auf einer kleinen quadratischen Insel neu entstehende *Renaissanceschloß*. Einige architektonische Neuschöpfungen hält man der Initiative einer praktisch denkenden Frau zugute: zum Beispiel die Anordnung der Räume um eine Vorhalle (anstatt entlang eines langen Korridors), wodurch längere Wege vermieden werden, oder die geraden Treppen (anstelle der bis dahin üblichen Wendeltreppen), deren Vorteil in einer wirkungsvolleren Inszenierbarkeit von Empfängen liegt. Nach dem Tode der Bohiers wurden Steuerhinterziehungen des einstigen Finanzkämmerers aufgedeckt. Zur Begleichung der Schulden überließen die Erben Chenonceaux der Krone. 1547 vermachte Heinrich II. das Schloß seiner Geliebten, der faszinierenden *Diana von Poitiers*, die sich ihre von aller Welt bewunderte Jugendlichkeit unter anderem durch sportliche Aktivitäten erhielt. Neben dem Schwimmen war das Reiten ihre zweite große Leidenschaft. Um in die Wälder auf der anderen Seite des Chers gelangen zu können, ließ sie vom Schloß eine Brücke über den Fluß schlagen. Nach dem Tod Heinrichs II. genoß Katharina de Medici ihre Rache an Diana, indem sie der verhaßten Favoritin ihres Gemahls Chenonceaux aberkannte, um es für sich selbst zu nutzen. Sie ließ der Brücke der Diana eine zweistöckige Galerie aufpflanzen, wodurch Chenonceaux sein heutiges Aussehen erhielt. Abgesehen von dem praktischen Nutzen, den die großen Säle nun für die Feste des Hofes boten, ist diese Überbauung ein symbolischer Akt des Triumphs der Witwe über die langjährige Rivalin. Auf Chenonceaux fanden Feste von unvorstellbarer Pracht statt, die oft mehrere Tage lang dauerten und nicht selten in wüstesten Ausschweifungen endeten. Kostümfeste, Gelage, Feuerwerke, ja ganze Seeschlachten auf dem Cher zeigen die unbekümmerte Seite einer zutiefst zwiespältigen Epoche.

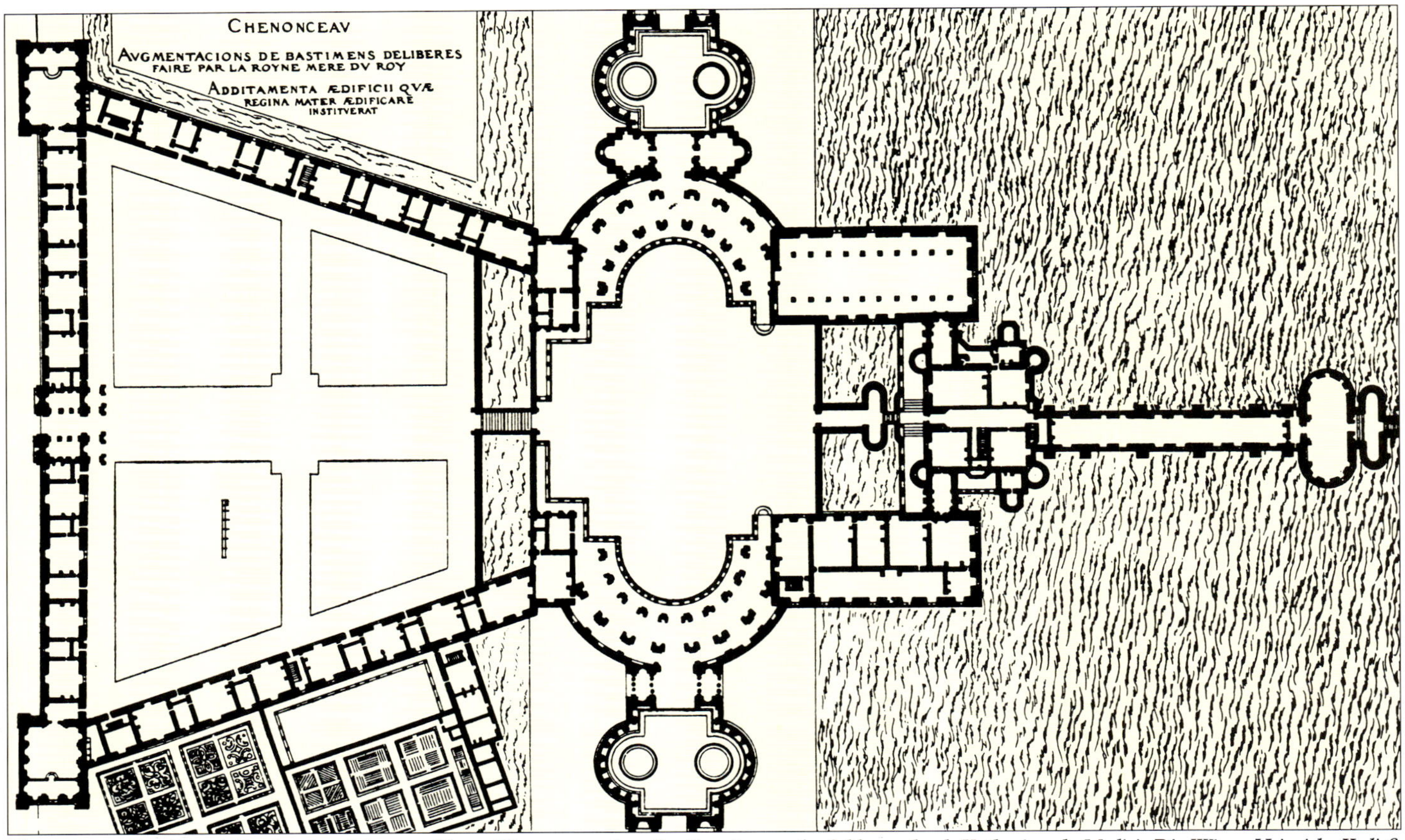

Chenonceaux. Der Grundriß zeigt den nicht ausgeführten Plan zur prachtvollen Erweiterung des Schlosses durch Katharina de Medici. Die Witwe Heinrichs II. ließ lediglich der von ihrer Rivalin Diana von Poitiers angelegten Brücke über den Cher (ganz rechts) eine zweigeschossige Galerie aufpflanzen. Wäre dieser von dem Architekten du Cerceau festgehaltene Plan tatsächlich realisiert worden, hätte Chenonceaux noch das gewaltige Chambord an Größe übertrumpft.

Obwohl das Schloß nach dem Tode der Katharina de Medici (1589) mehrfach den Besitzer wechselte, fällt auf, daß es immer wieder Frauen waren, die die Geschicke von

Fortsetzung Seite 155

Blühend, duftend und gepflegt präsentieren sich die Gärten von Villandry, die Dr. Carvallo zu Beginn des 20. Jahrhunderts im ursprünglichen, französischen Stil des 16. Jahrhunderts, wieder bepflanzen ließ. Es sind die einzigen originalgetreuen und zugleich auch bewirtschafteten Schloßgärten Frankreichs.

Nächste Doppelseite: Die Ziergärten von Villandry mit den geometrisch angelegten Beeten symbolisieren unter anderem die Charaktere der Liebe in vier Feldern um das Bassin rechts im Bild. In der Bildmitte unten die tragische Liebe mit Schwert- und Dolchformen und roten Blumen. Darüber im Bild die zärtliche Liebe mit Herzen und Flammen sowie rosa Blumen. Rechts oben die leidenschaftliche Liebe mit einem Labyrinth deformierter Herzen und gemischtfarbigen Blumen. Die flüchtige Liebe ist schließlich symbolisiert durch Fächer, Hörner und gelbe Blumen.

Die Gemüsegärten von Villandry bestehen aus von Buchsbaumhecken umgebenen Vierecken, die mit Blumen umrahmt sind, sowie Obstbäumen in den Ecken eines jeden Vierecks. Auch jetzt sind nur solche Gemüsesorten gepflanzt, die im Frankreich des 16. Jahrhunderts bekannt waren.

Das heutige Schloß Langeais wurde 1465 bis 1469 auf Veranlassung Ludwigs XI. erbaut und erlebte seinen geschichtlichen Höhepunkt, als hier die Ehe zwischen Anne de Bretagne und Karl VIII. geschlossen wurde.

Die Hoffassade von Langeais in nüchtern grauem Stein wird nur durch die hohen Lukarnen am Dachgiebel aufgelockert. Da keinerlei An- oder Umbauten nach dem 15. Jahrhundert vorgenommen wurden, stellt das Schloß in seiner Einheitlichkeit eine Besonderheit unter den Schlössern der Loire dar.

Nächste Doppelseite: Der Gardesaal in Langeais ist originalgetreu nachgestaltet und mit Wandbehängen aus dem 15. und 16. Jahrhundert bestückt, die aus Flandern stammen. Der mächtige Kamin (in der Bildmitte) hat die Form einer Burg mit Wehrgang und Zinnen.

Die Gartenansicht des Schlosses La Possonière macht deutlich, daß bei Denkmälern, die abseits des Touristenstroms liegen, gespart werden muß. Dafür genießt der Besucher hier aber eine Ruhe, die ihm im Bannkreis der großen Schlösser nicht vergönnt ist.

Chenonceaux lenkten. Zuletzt die kunstliebende *Madame Pelouze*, die im 19. Jahrhundert die Restaurierung des Bauwerks zu ihrer Lebensaufgabe machte.

Amboise Nur 15 Kilometer fährt man von Chenonceaux zum nächsten Höhepunkt der Schlössertour, nach Amboise. Bereits Ludwig XI. hatte sich Amboise, wohl in erster Linie wegen seiner strategisch günstigen Lage, zur Residenz gewählt. Den Bau des bestehenden Schlosses setzte jedoch erst sein Sohn und Nachfolger, Karl VIII., in Szene. Die Grundsteinlegung erfolgte 1492. In einer rasant kurzen Zeit entstand ein Bauwerk, das bis zur Errichtung von Chambord das größte an der Loire war. Selbst winters wurde ohne Unterbrechung weitergearbeitet und der Stein, um ein Springen des Baumaterials zu verhindern, angewärmt. 1495 fand der große

Unter Franz I. spielte Amboise eine herausragende Rolle als königliche Residenz, denn die Lieblingsprojekte des Königs, Blois und Chambord, befanden sich anfangs noch im Bau. In Amboise feierte man in dieser Zeit prunkvolle Feste als Ausdruck der sich im 16. Jahrhundert verfeinernden Hofetikette. 1560 ist ein Schicksalsdatum in der Geschichte von Amboise. Vergeblich hatten protestantische Verschwörer versucht, den jungen König Karl IX. zu entführen.

Die Rache der Katholiken war bestialisch: Die Hugenotten wurden zum Teil enthauptet und gevierteilt oder an den Balkonen des Schlosses aufgeknüpft, zum Teil auch, in Säcke eingenäht, in der Loire ertränkt. So sehr lastete dieses grauenerregende Kapitel auf dem Schloß, daß es seither kaum noch genutzt wurde. Nach der Revolution wurde ein großer Teil abgerissen, so daß heute nur noch der der Loire zugewandte

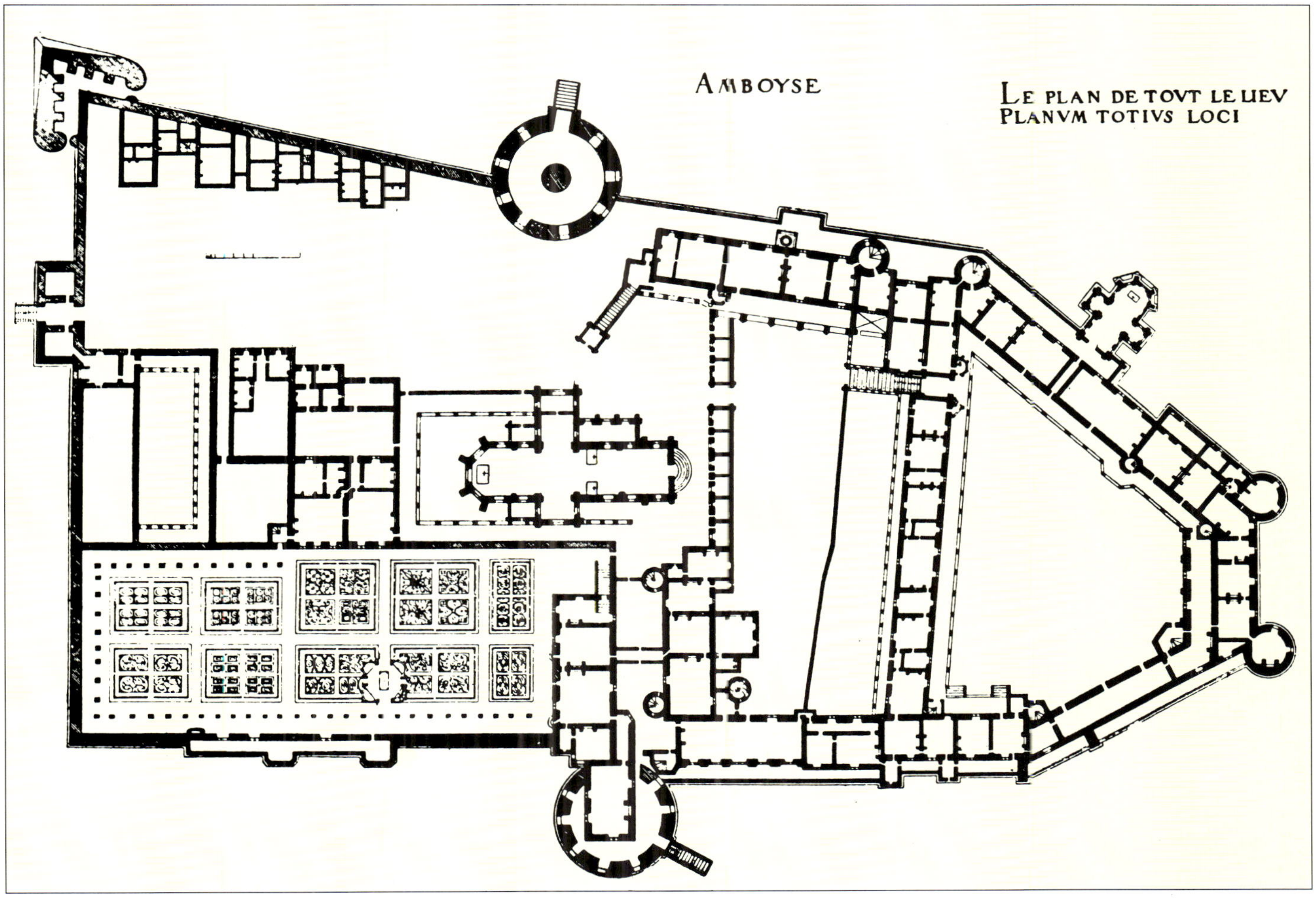

Amboise. Der Grundriß aus dem 17. Jahrhundert macht deutlich, daß ein großer Teil der Baulichkeiten heute nicht mehr existiert. Zum untergegangenen Bestand gehören vor allem die einstige Schloßkapelle im Zentrum der Anlage und das Logis der Königin mit seinen weitläufigen Gebäudetrakten am rechten Bildrand. Hiervon steht einzig noch die kleine Kapelle Saint-Hubert mit dem Grab Leonardo da Vincis.

Italienfeldzug Karls VIII. statt, der ihm, wie bereits ausgeführt, wenig Ruhm einbrachte, ihm aber kulturell durch die Begegnung mit der italienischen Renaissance Anregungen vermittelte. Bei der Heimkehr brachte er zahlreiche Italiener in seinem Gefolge mit: Baumeister, Bildhauer und Maler, aber auch Schneider, Kürschner, sogar ein Geflügelzüchter soll darunter gewesen sein. Dennoch ist in der baulichen Gestalt von Amboise nicht viel vom italienischen Einfluß zum Niederschlag gekommen, da das Projekt zu diesem Zeitpunkt bereits zu weit fortgeschritten war.

Hauptflügel sowie die Schloßkapelle stehen. Ein architektonisches Meisterwerk ist die *Tour des Minimes.* Dieser Turm besitzt im Innern keine Treppe, sondern eine große Rampe, breit genug, daß auch größere Kutschen direkt in den Schloßhof hinauffahren konnten.

Die sehenswerten Innenräume des Schlosses sind weitgehend das Ergebnis von Wiederherstellungen. Ein köstliches Detail ist die *Kapelle Saint-Hubert* mit ihren reichen spätgotischen Verzierungen. In ihr liegt das größte Genie der italienischen Renaissance begraben, *Leonardo da Vinci*, den Franz I.

Chenonceaux. Blick vom Schloß der Diana von Poitiers auf jenen Rundturm, der als einziges vom mittelalterlichen Vorgängerbau erhalten blieb.

Chenonceaux, Innenansicht. In einigen der prächtigen Kamine werden in den kühleren Jahreszeiten auch heute noch gewaltige Holzkloben angezündet. Eindrucksvoll sind deren Wärmekapazität in den großen Räumen und die beträchtliche Brenndauer: Ungespaltene Eichenstämme glimmen, ohne zu erlöschen, bis zu einer Woche.

Amboise, Innenansicht. Das Schloß von Amboise teilte das Schicksal der meisten Bauten der Feudalaristokratie in den Revolutionsjahren: Es wurde rücksichtslos geplündert. Man staunt als heutiger Besucher, mit wieviel Liebe wieder eine sehenswerte Ausstattung zusammengetragen wurde.

Seite 158/159: Schloß Chenonceaux aus der Vogelperspektive. Der Besuch dieses Schlosses gehört zu den Höhepunkten einer jeden Reise zu den Schlössern der Loire.

1516 nach Amboise berufen hatte. Leonardo bezog nahe dem Schloß das Manoir *Clos-Lucé*, einen behaglichen Herrensitz aus dem 15. Jahrhundert, den man gleichfalls besichtigen kann. In seinen Kellerräumen sind Modelle ausgestellt, die nach Skizzen Leonardos angefertigt wurden. Sie verdeutlichen dem staunenden Besucher, daß Leonardo schon vor bald fünfhundert Jahren funktionstüchtige Fahrräder, Panzer, Drehbrücken und sogar Flugapparate ersonnen hat. Eine weitere Sehenswürdigkeit liegt etwas außerhalb von Amboise nahe der Straße, die nach Bléré führt. Gemeint ist die *Pagode von Chanteloup*, einzig erhaltener Rest einer Schloßanlage, die der vom Hof Ludwigs XV. verbannte *Herzog von Choiseul* hatte errichten lassen. Das orientalisierende Bauwerk mit seinen sieben sich nach oben verjüngenden Geschossen gibt Aufschluß über die Beliebtheit, die die asiatische Kunst im Frankreich des 18. Jahrhunderts genoß.

Tours Wie zuvor im Blésois, empfiehlt es sich auch in der Touraine, für ein paar Tage ein Quartier zu suchen, um sich die Kostbarkeiten der Umgebung zu erschließen. Tours bietet sich aufgrund seines breit gefächerten Hotelangebots und wegen der zentralen Lage dafür an. Aber auch die Stadt selbst ist sehenswert. Seit der Zeit des heiligen Martin gehörte sie zu den führenden Städten des Königreichs. Ihre größte Entfaltung erlebte sie im 16. Jahrhundert nach Einführung der Seidenindustrie. Die Schrecknisse der Religionskriege – Tours war eine der Hochburgen des Protestantismus – führten jedoch zum baldigen Niedergang, der erst durch die Inbetriebnahme der Eisenbahn im 19. Jahrhundert zum Stillstand kam. Heute ist Tours mit knapp 150 000 Einwohnern eine betriebsame Industrie- und Handelsstadt, die am Schnittpunkt wichtiger Verkehrswege der Nord-Süd- und Ost-West-Richtung eine führende Stellung im westlichen Frankreich einnimmt. Der historische Altstadtkern hat eine Vielzahl intimer Wohnhäuser bewahrt und besitzt in seiner *Kathedrale Saint-Gatien* einen Hauptvertreter der späten Gotik. Die Fassade vereint Stilelemente aus Gotik und Renaissance. Vom einst wichtigsten Gebäude der Stadt, der *Martinsbasilika*, sieht man leider nur noch die Fundamente.

Drei Ausflüge in die Umgebung von Tours seien hier vorgeschlagen. Der erste führt, als Kontrast zu dem bisherigen Schlösserprogramm, zu romanischen Denkmälern im Norden von Tours. Am besten wählt man den Weg über Château-Renault. Dabei kommt man schon kurz hinter Tours nahe der *Scheune von Meslay* vorbei, die dank der Initiative *Svjatoslav Richters* seit 1964 als Aufführungsort für die Musikinszenierungen der *Fêtes musicales en Touraine* dient.

Lavardin Als ersten Ort erreicht man Lavardin, das von den Ruinen eines Donjons und einer dazugehörigen Burg überragt wird. Die *romanische Kirche Saint-Genest besitzt* an einigen ihrer Pfeiler sowie im Chor Fresken aus dem 12. Jahrhundert, die allerdings zum Teil stark verwittert sind.

Montoire-sur-le-Loir Besonders sehenswert und glänzend erhalten ist die *Wandmalerei der Kirche Saint-Gilles* in Montoire-sur-le-Loir. Alle drei Apsiden des kleeblattförmigen Chores besitzen verschiedenfarbige Christusdarstellungen aus spätromanischer Zeit. Die Ostapsis zeigt den Weltenrich-

Tours. Ebenso wie die berühmte Martinsbasilika wurde auch die Stadtresidenz der Grafen von Tours Opfer der Revolution. Der Stich aus dem 17. Jahrhundert verdeutlicht, daß sich die stattliche Burg mit anderen großen Bauten des Loiretals durchaus messen konnte. Heute steht nur noch ein einziger Turm.

ter, die nach Süden ausgerichtete die Übergabe der Schlüssel an Petrus. Die nach Norden weisende Apsis zeigt das Pfingstgeschehen mit der Ausgießung des Heiligen Geistes, der in Form von Strahlen, die von Christus ausgehen, auf die Häupter der Apostel niederfährt. Auch in den Scheidbögen entdeckt man weiteren malerischen Dekor: neben einer Christusdarstellung ist an der Westseite der Kampf zwischen Tugenden und Lastern sowie vielgestaltige Ornamentik und ein weiteres Brustbild Christi zu sehen. Das Gemälde der Ostapsis ist etwas älter als die beiden anderen und wurde «al fresco» ausgeführt, das bedeutet, daß die Farbe auf einen feuchten Verputz aufgetragen wurde. Die beiden anderen dagegen, die auf der Wende vom 12. zum 13. Jahrhundert entstanden, sind «al secco», also auf eine Putzschicht, die bereits abgebunden hatte, aufgetragen. Diese Technik erlaubte den Künstlern größere koloristische Entfaltungsmöglichkeiten, hat aber den Nachteil, daß die Bilder eher verblassen.

Saint-Jacques-des-Guerets Ein weiteres Beispiel *romanischer Wandmalerei* bietet das nahe Saint-Jacques-des-Guerets. Großformatige Darstellungen der Auferstehung der Toten, des Weltgerichts, des Abendmahls und des Himmlischen Jerusalems schmücken die Wände des Chores. Da hier ebenfalls «al secco» gearbeitet wurde, sind die Bilder allerdings stark verblaßt.

Vendôme Dieser Ausflug in die nördliche Touraine läßt sich gut mit Abstechern nach Vendôme und zum Schloß Poncé-sur-le-Loir verbinden. Neben einer stattlichen Burgruine und einer anheimelnden Altstadt besitzt Vendôme eine Abteikirche von beträchtlichen Ausmaßen, seltenes Beispiel einer gotischen Ordenskirche. Der Schatz des *Schlosses Poncé-sur-le-Loir* ist seine prunkvolle Renaissancetreppe. Jede Kassette des sie übergreifenden Gewölbes besitzt ein anderes als Relief gearbeitetes Schmuckmotiv.

Villandry Der zweite Ausflug von Tours führt wieder zum Hauptthema zurück. Zum Pflichtpensum zählt der Besuch von Villandry. Das Schloß besteht aus zwei zeitlich differenten Bauteilen: einem mittelalterlichen Donjon und einer Renaissanceanlage mit drei Flügeln. Nach Norden, zum Cher hin, der nur wenig weiter in die Loire mündet, öffnet sich der Ehrenhof. Man sieht, daß Fragen der Verteidigung für die Schloßarchitektur im frühen 16. Jahrhundert keinen Ausschlag mehr gaben. Bauherr war *Jean Le Breton*, der als Bauaufseher über Chambord das besondere Vertrauen Franz' I. genoß. Die eigentliche Berühmtheit von Villandry ist nicht das Schloß selbst, sondern die *Gartenanlage*, die sich über drei Etagen zu Seiten des Schlosses staffelt. Sie ist das Ergebnis einer Rekonstruktion, die in den dreißiger Jahren der damalige Besitzer von Villandry, der Arzt *Dr. Carvallo*, initiiert hat. Die Gärten von Villandry sind die einzigen ihrer Art in ganz Frankreich und vermitteln authentisch das Aussehen einer Parkanlage der Renaissancezeit. Auf dem untersten Niveau ist der Nutzgarten mit Gemüse, Salat und Obstbäumchen angesiedelt, alles ist in klaren geometrischen Formen angeordnet. Darüber entfaltet sich der Ziergarten mit seiner Blumenpracht, die von sorgfältig zurechtgestutzten

Tours, Kathedralkreuzgang. Neben der Kathedrale Saint-Gatien erhebt sich der für die Domkanoniker im 15./16. Jahrhundert errichtete Kreuzgang, La Psalette genannt. Sein Name bezieht sich auf die Psalmen, die hier von den Geistlichen rezitiert wurden.

Villandry. Meist finden nur die großartigen Gartenanlagen von Villandry Beachtung. Diese Aufnahme des Innenhofes führt nachdrücklich vor Augen, daß auch das Schloß selbst der genaueren Betrachtung wert ist.

Buchsbaumhecken eingefaßt wird. Jedes der insgesamt vier großen Beete symbolisiert eine andere Art von Liebe: Briefe und Fächer stehen für die flüchtige Verliebtheit, Herzen und Flammen für innige Liebe, Schwerter symbolisieren die tragische Liebe, und ein Labyrinth aus gebrochenen Herzen dient als Metapher für die Raserei. Zuoberst erreicht man den Wassergarten, dessen Becken zur Versorgung von Zier- und Nutzgarten angelegt sind. Insgesamt führt diese Gartenanlage exemplarisch ein Grundanliegen der Renaissance vor Augen, das Bestreben, schöne Formen mit inhaltlichen Aussagen und zugleich praktischem Nutzen zu verflechten.

Langeais Das Schloß von Langeais hatte seit alters eine strategische Schlüsselstellung. Nahe der Grenze zwischen Anjou und Touraine war es ein oft umkämpfter Zankapfel der beiden Grafschaften. Im Spätmittelalter diente Langeais Ludwig XI. als Bollwerk gegen die Bretagne. Er ließ auch die ältere Burg abreißen und durch den bestehenden Bau ersetzen, der seine militärische Bestimmung nicht im mindesten leugnet. Erst als es 1491 zu der historischen Eheschließung zwischen Karl VIII. und der Anne de Bretagne kam, verlor Langeais seine einstige Stellung als Grenzposten. Die Feierlichkeiten dieser Hochzeit wurden denn auch nicht zufällig auf Langeais ausgerichtet. Trotz wiederholten Besitzerwechsels seit dem 18. Jahrhundert fanden keine Veränderungen an der baulichen Substanz des Schlosses statt, und auch im Innern blieb das meiste unberührt. Verschwenderisch ist die Zahl an unterschiedlichen und kostbaren *Wandbehängen*. Besonders stattlich ist der große *Festsaal*, der von einem gewaltigen Gebälk aus Kastanienstämmen überfangen wird. Kastanienholz wurde gerade in Wohn- und Schlafräumen mit Vorliebe verwendet, da es die Eigenschaft besitzt, Spinnen anzuziehen. Diese sorgen wiederum als verläßliche Polizeitruppe für die Vertilgung von unliebsamen Schädlingen.

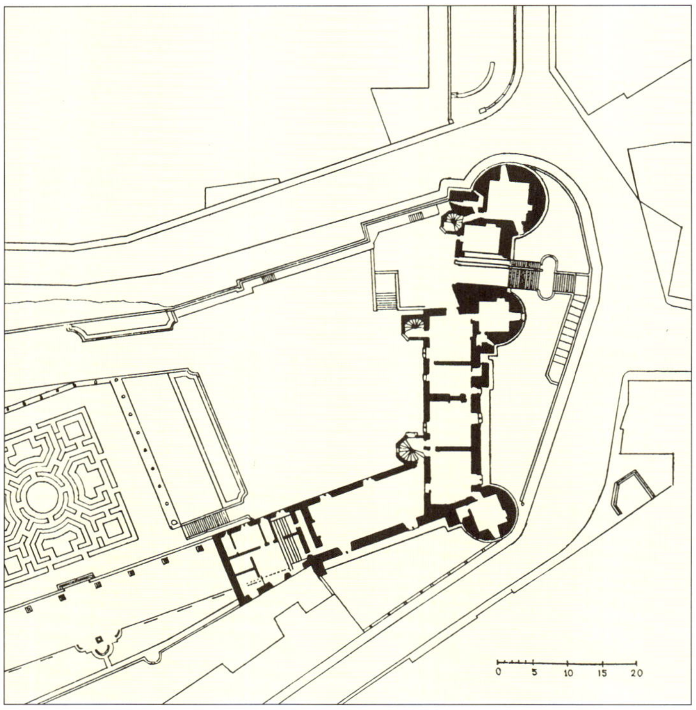

Langeais. Grundriß durch den Wohntrakt. Drei Rundtürme sichern die zweiflügelige Anlage. Der Burggraben ist heute weitgehend zugeschüttet.

Ussé Schon nahe der Grenze zum Anjou steht das Schloß Ussé beispielhaft für die Zeit des ausgehenden Mittelalters. Die geglückte Verbindung von wehrhafter Ummauerung (15. Jahrhundert) und locker gruppierten Wohntrakten (größtenteils aus dem 16. Jahrhundert) verdichtet sich zu einer romantischen Kulisse, die den Begriff Märchenschloß evoziert. Hierzu trägt sicher auch die Einbettung in dichtes Grün bei, das bis an die Schloßmauern heranwuchert.

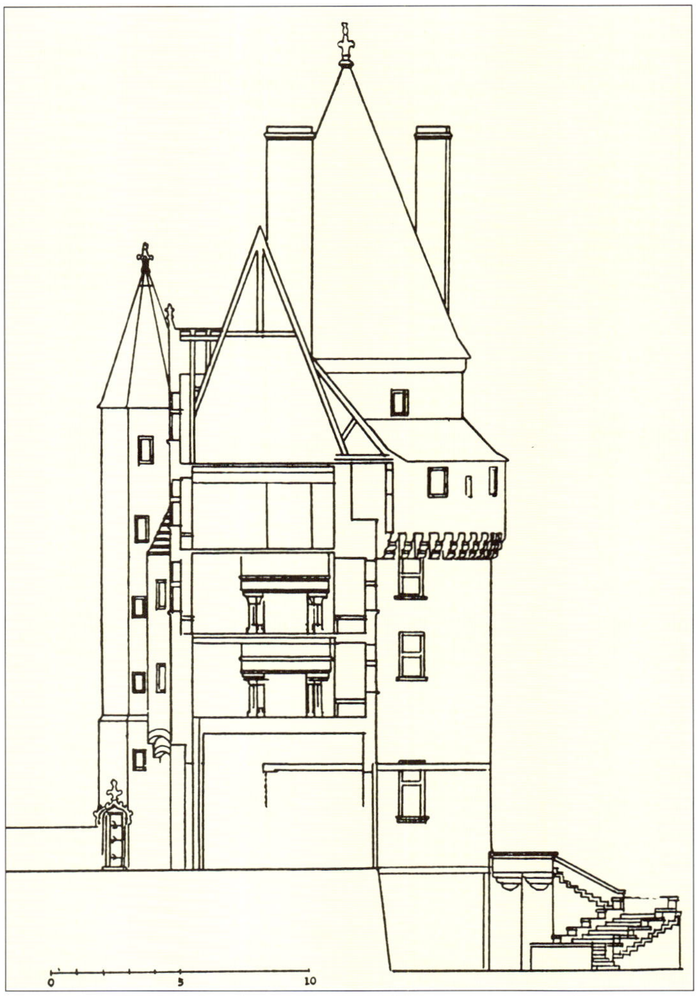

Langeais. Querschnitt durch den Wohntrakt.

Azay-le-Rideau Die heiter beschwingte Seite der Renaissance strahlt dem Besucher des Schlosses Azay-le-Rideau entgegen, das einstmals Azay-le-Brûlé (das verbrannte Azay) hieß. Der Name erinnerte an eine Episode aus dem Hundertjährigen Krieg. Azay befand sich in der Hand einer burgundischen Garnison, die den durchziehenden Dauphin, den nachmaligen Karl VII., verhöhnte. Die aufgebrachten Begleiter des Dauphin eroberten Azay im Handstreich und richteten ein Blutbad unter den Burgundern an. Über den Ruinen entstand dann zwischen 1518 und 1529 auf Betreiben *Gilles de Berthelots*, des Schatzmeisters Franz' I., das hinreißende Wasserschloß, das von der Indre umspült wird. In der Geschlossenheit der äußeren Erscheinung der zweiflügeligen Anlage mit kleinen Rundtürmen an den Ecken lebt mittelalterliches Formempfinden nach. Doch erscheint der Wehrturm zur Zierform gewandelt, die großen Fenster und die Verspieltheit der zahlreichen Schmuckformen lassen den Einfluß von Blois erkennen, das seinerseits eine lebendige Synthese von

Fortsetzung Seite 181

Azay-le-Rideau. Während im Mittelalter der Burggraben zur Befestigung diente, nutzte die Renaissance die Lage des Schlosses auf einer kleinen Insel im Sinne einer ästhetischen Umwandlung: Durch die Spiegelung der Architektur auf der ruhigen Wasserfläche wird deren Reiz wirkungsvoll gesteigert.

Nächste Doppelseite: Das Schloß Ussé bestand ursprünglich aus vier Flügeln um einen Innenhof. Unter Louis de Valentinay wurde im 17. Jahrhundert der Nordflügel abgerissen, um einen freien Blick auf das Tal des Indre zu erzielen. An der Stelle des abgerissenen Baukörpers wurde hangabwärts ein Terrassengarten angelegt.

Die mächtige «Tour de l'Horloge» schützt den Zugang zu dem «Château du Milieu» genannten Herzstück der weitläufigen Burganlage von Chinon. Es ist zugleich der einzige unversehrte Teil der sonst weitgehend nur noch als Ruine erhaltenen Anlage, die im Mittelalter als eine der am besten gesicherten des ganzen Königreichs galt.

Chinon. Über den Dächern der Stadt breitet sich die Ruine der umfangreichen Burganlage als beherrschende Architekturkulisse aus.

Obwohl Ussé zeitlich noch dem Mittelalter zuzurechnen ist, macht die Verspieltheit seiner Gesamterscheinung deutlich, daß fortifikatorische Aspekte in den Jahrzehnten nach Ende des Hundertjährigen Krieges in den Hintergrund traten.

Die heutigen Schloß-besitzer von Brissac stellen sich vor. Als Statussymbol fungieren zwei schwarze Labradors wie sie sich einst auch der frühere Präsident der Republik, François Mitterrand, hielt.

Erst Mitte des vorigen Jahrhunderts, als die Festung von Chinon akut vom Einsturz bedroht war, begann man, die Mauern zu sichern. Von den Wällen bietet sich ein weiter Blick ins Tal der Vienne.

Der Speisesaal von Brissac hat eine zierliche Musikantenempore (im Bild hinten rechts), von der aus Tafelmusik die Gäste bei Tisch begleitete. Die vergoldete Balkendecke ist eine Kostbarkeit aus dem 18. Jahrhundert.

Brissac gehört zu den wenigen heute noch bewohnten Schlössern; die Zimmer haben eine wohnliche Atmosphäre und keinerlei musealen Charakter.

Ein kleiner privater Theaterraum in Brissac, ganz in Weinrot, bietet, guterhalten und liebevoll ausgestattet, auch heute die Möglichkeit, Kammermusik in Schloßatmosphäre zu genießen.

Im sogenannten Judith-Zimmer auf Schloß Brissac sollen sich Ludwig XIII. und seine Mutter Maria de Medici ausgesöhnt haben.

Ein großer Mauergürtel umschließt das Schloß Montreuil-Bellay, das hoch über dem Tal des Thouet liegt. Zur Anlage gehören mehrere Gebäude. Im Bild links das Alte Schloß, rechts der Eingang zur Festung.

Baron Xavier de Thuy, der heutige Schloßherr von Montreuil-Bellay, posiert dem Fotografen vor dem Stiftsherrenhaus. Vier unabhängige Wohnungseingänge führen zu den Wohnungen der vier Kanoniker der Schloßkirche, die hier einst lebten.

Über eine unregelmäßige Treppe gelangt man ins Innere von Schloß Saumur. Es wird heute als Museum genutzt und enthält eine Kunstgewerbesammlung und ein Pferdemuseum.

Nächste Doppelseite: Die Front von Schloß Serrant wird durch den Kontrast unterschiedlicher Baumaterialien belebt. Die dreiflügelige Anlage liegt inmitten einer weitläufigen Parkanlage.

Im Zugang zur Schloßanlage von Serrant klingt wie in einem Zitat das antike Motiv des Triumphbogens an.

Le Rivau gehört nicht zu den großen Prunkschlössern. Es liegt nur wenige Kilometer südöstlich von Chinon, doch kaum jemand verirrt sich hierher.

Über die Zugbrücke gelangt man in den Ehrenhof von Schloß Rivau, in dem das Wohnhaus im Renaissance-Stil zu besichtigen ist.

Nächste Doppelseite: Einige Schlösser veranstalten «Son et Lumière»-Vorführungen mit Beleuchtungseffekten, Musik und Feuerwerk – mit jährlich wechselnder Gestalt und neuem Programm. Hier erstrahlt Azay-Le-Rideau in festlichem Licht, das sich im Wasser der Indre widerspiegelt.

Die Burg von Angers ist eine ringsum mit Rundtürmen und Zwischenmauern eingefriedete Befestigungsanlage, die zudem nach Westen, dank des steilen Abfalls zur Maine hin, optimal gesichert ist. Im einstigen Burggraben sind jetzt großzügige Blumenrabatten angelegt.

Nächste Doppelseite: Zwischen den beiden hohen Außentürmen der Kirche Saint-Ours in Loches sieht man in der Mitte zwei achteckige Pyramiden. Im Inneren der Kirche bilden sie als hohe achtseitige Gewölbe über dem Mittelschiff eine architektonische Besonderheit im Rahmen der Baukunst des 12. Jahrhunderts.

traditionellen französischen Formen und italienischen Neuerungen ist. Auch hat das Wasser nicht mehr die Aufgabe eines schützenden Burggrabens, es dient vielmehr dank der Spiegelungen zur Steigerung des optischen Reizes. Obwohl sich Azay mit Chambord, Blois oder Amboise an Größe nicht messen kann, besitzt der schmucke Bau eine solche Faszination, daß er kaum weniger besucht wird.

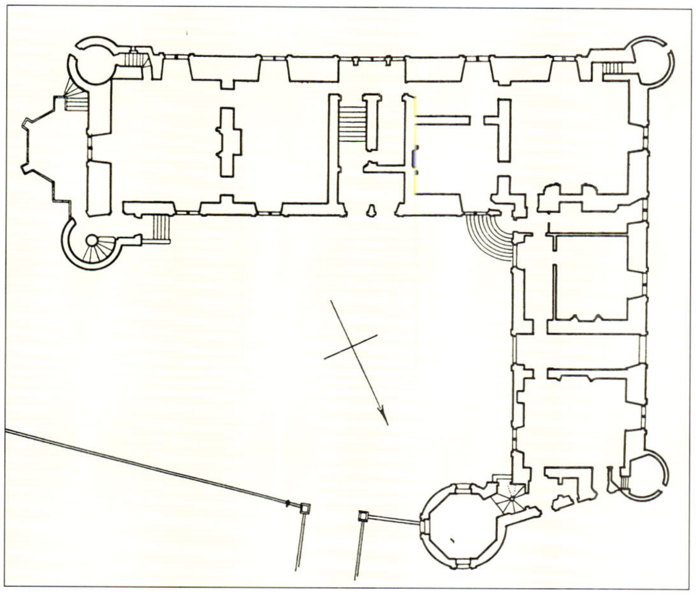

Azay-le-Rideau. Grundriß der zweiflügeligen Schloßanlage.

Nahe dem Schloß stößt man im Ort Azay auf ein zu Unrecht wenig beachtetes Denkmal der Romanik, die Kirche *Saint-Symphorien.* An ihrer Fassade erscheinen Reliefplatten mit extrem flach gehaltenen Darstellungen verschiedener Heiliger, archaische Frühformen der romanischen Skulptur im Loiretal (zu datieren auf etwa Mitte des 11. Jahrhunderts).

Saché Weit weniger spektakulär, aber dennoch eines Umwegs wert ist das nahe Azay gelegene Schlößchen Saché, ein Bau des 16. Jahrhunderts, der im 18. Jahrhundert umgebaut wurde. Es diente Honoré de Balzac zwanzig Jahre hindurch als Landsitz. Das Innere wurde nach dem Tod des großen Romanciers kaum verändert und ist heute als Museum zugänglich.

Ein anderer Abstecher führt zum Dorf *Villaines-les-Rochers,* wo man in zahlreichen Werkstätten Korbflechtern bei ihrer Arbeit zuschauen kann.

Loches Der dritte unserer Ausflüge von Tours führt in den Süden der Touraine und damit wiederum überwiegend zu sakralen Zeugnissen des Mittelalters. Erstes Ziel ist Loches, wo man das Muster einer Cité kennenlernt. Der Ort war im 12. Jahrhundert östlicher Vorposten des Angevinischen Reichs der Plantagenets, kam aber im 13. Jahrhundert durch Erbfolge dauerhaft an Frankreich und diente fortan als Staatsgefängnis. In einem weit gezogenen Oval umschließt ein von vielen Türmen gesicherter Mauerring den Felsen, der die Indre überragt.

Aus seiner Südschleife, wo der wundeste Punkt der Festung lag, wächst der von den Grafen von Anjou im 11. Jahrhundert errichtete Wehrturm auf, das besterhaltene Beispiel der frühmittelalterlichen Feudalarchitektur im gesamten Loirebereich. Ihm antwortet im Norden der Stadt das Schloß, das Elemente des Spätmittelalters mit solchen der Renaissance vereinigt. Im 15. Jahrhundert war das Schloß Wohnsitz der *Agnès Sorel,* der Mätresse Karls VII. Ihr Grab, das sich früher in der nahen Kirche Saint-Ours befand, ist erst im Jahr 1970 im Innern des Schlosses aufgestellt worden. Im Rahmen des Rundgangs wird der Besucher auch durch jenen Raum geführt, in dem der gesicherten Überlieferung zufolge die Jungfrau Johanna den zögernden Dauphin drängte, nach Reims zur Krönung zu ziehen.

Die nahe dem Schloß befindliche *Kirche Saint-Ours* ist ein romanisches Bauwerk. Unter zwei ungewöhnlichen pyramidenförmigen Dächern verbergen sich im Innern zwei Kuppeln, ein origineller Beitrag zum Thema der aquitanischen Kuppelbauweise des 12. Jahrhunderts. Das durch einen geschlossenen Narthex (Vorhalle) geschützte Portal ziert ein

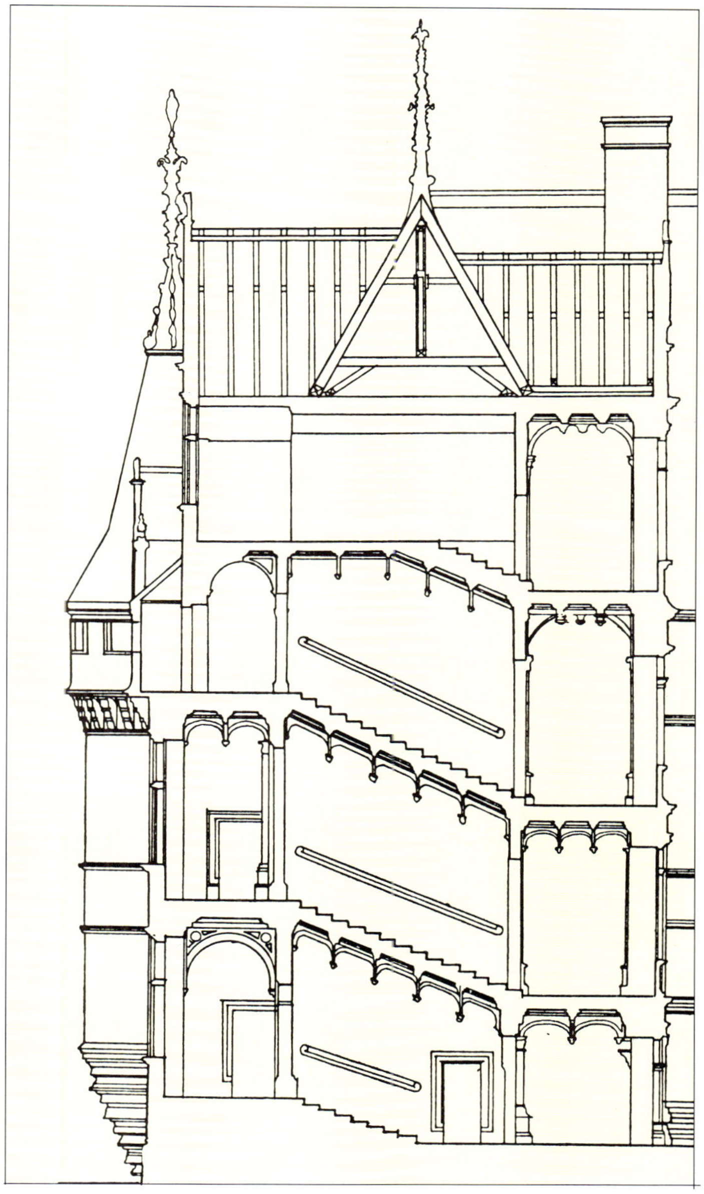

Azay-le-Rideau. Schnitt durch das Treppenhaus.

figurenreicher Skulpturenzyklus, der umfangreichste seiner Art im Tal der Loire. Die den Eingang übergreifenden Archivolten (Bögen) sind aus der Romanik des Poitou herzuleiten,

Wenn man von Norden kommt, erscheinen die Befestigungsmauern und das Wahrzeichen von Loches – der Donjon – uneinnehmbar. Genau diesen Eindruck sollte das Turmmassiv vermitteln und im Fall einer feindlichen Belagerung den Bewohnern Schutz und Zuflucht bieten.

die großformatigen Gestalten an der Wand daneben und darüber sind etwas später anzusetzen, denn sie lassen bereits das Vordringen des frühen gotischen Einflusses erkennen.

Le Liget Als Teil eines ehemaligen Kartäuserklosters, das Heinrich II. von England zur Sühne für den Mord an dem Erzbischof von Canterbury, Thomas Becket, gegründet hatte, stößt man östlich von Loches auf die *Kapelle Saint-Jean-de-Liget*, einen Rundbau, den im Innern eine Abfolge von gut erhaltenen romanischen Wandbildern schmückt.

Wendet man sich von Loches nach Westen, in Richtung auf das Tal der Vienne, harren weitere Denkmäler der Romanik der Entdeckung.

L'Ile-Bouchard Auf dem Weg nach Chinon sind sie leicht in das Besichtigungsprogramm einzufädeln: L'Ile-Bouchard und Tavant. In L'Ile-Bouchard steht nur noch die *Chorpartie* einer einstigen *Klosterkirche*. Ihre szenenreich bestückten *Kapitelle* lassen sich, da sie dem hellen Tageslicht preisgegeben sind, in allen Einzelheiten gut studieren. Die Betonung der

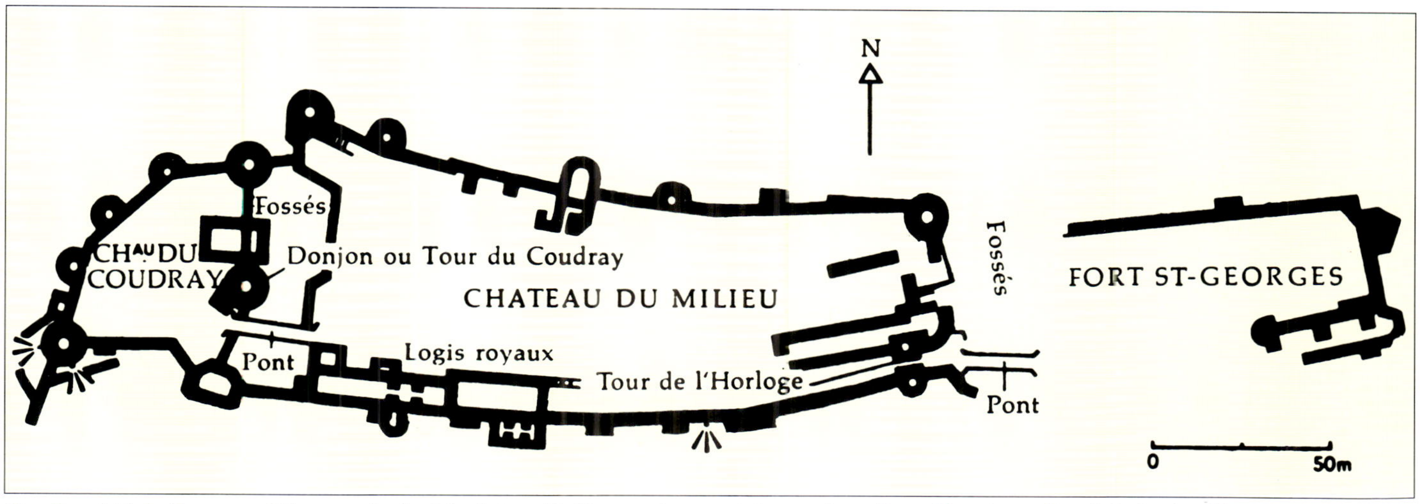

Der Grundriß der Burg von Chinon macht deutlich, daß es sich hier um das organisch gewachsene Ensemble mehrerer Bauabschnitte handelt.

menschlichen Figur zugunsten eines Zurücktretens des Ornaments, für die Romanik eher untypisch, ist eine Eigenart auvergnatischer Skulptur des 12. Jahrhunderts, mit der die Kapitelle von L'Ile-Brouchard in enger Beziehung stehen.

Tavant Ein weiteres Beispiel der *romanischen Wandmalerei* bietet die kleine Kirche in Tavant. Im Kirchenraum sieht man Bilder in zyklischem Zusammenhang – Verkündigung, Heimsuchung, Geburt, Bethlehemitischer Kindermord, Flucht nach Ägypten – sowie einen Christus in der Mandorla. In der niedrigen *Hallenkrypta* mit weiteren Bildern spannt sich der Bogen von alttestamentarischen Szenen über solche des Neuen Testaments bis hin zu mythologischen und allegorischen Darstellungen.

Chinon In Chinon schließlich ist die Schwelle von der Touraine zum Anjou erreicht. Als Grenzfeste war der Ort über Jahrhunderte immer wieder heftig umkämpft und wurde deshalb zu einer ähnlich stark befestigten Cité ausgebaut wie Loches. Heinrich II. Plantagenet, sein Sohn Richard Löwenherz und Philipp II. Auguste, König von Frankreich, haben das Gesicht der Festung geprägt. Entsprechend sind denn auch drei Abschnitte in dem Gesamtkomplex zu unterscheiden: das *Fort Saint-Georges*, das *Château du Milieu* und das *Château de Coudray*. Im Donjon des letztgenannten wurden 1308 die Angehörigen des Templerordens eingekerkert, bevor ihnen König Philipp der Schöne in Paris unter fadenscheinigen Anschuldigungen den Prozeß machte. In Wahrheit ging es der Krone darum, den Einfluß des mächtigen Ordens zu brechen und die maroden Staatsfinanzen mit dessen legendären Reichtümern zu sanieren.

Im einstigen Gefängnis sind in den Stein geritzte Inschriften der Unglücklichen zu sehen. Im Wohntrackt des Château du Milieu, das nur noch in Resten steht, fand die erste Begegnung zwischen Johanna von Orléans und dem Dauphin statt. Da zunächst Zweifel an der göttlichen Mission der Jungfrau bestanden, wurde sie von Chinon nach Poitiers gebracht, wo sie von einer Kommission einem zweiwöchigen Verhör unterzogen wurde. Erst danach wurde sie anerkannt und mit einer kleinen Streitmacht in Richtung Orléans entsandt. Im 17. Jahrhundert wurde die Burg von Chinon wegen der protestantischen Haltung ihrer Einwohner durch Richelieu geschleift. Man erlebt deshalb heute die einst stattliche Anlage nur noch als Ruine.

Sehenswert ist auch die Ortschaft mit einer großen Zahl historischer Wohnhäuser. Am Ortsrand befindet sich die halb in den Fels gehauene Ruine der *Kirche Sainte-Radegonde*. In ihr wurde erst 1964 ein sensationelles Fresko entdeckt. Es zeigt Eleonore von Aquitanien, ihren jüngsten Sohn Johann Ohneland mit dessen Gemahlin Isabella von Angoulême sowie zwei Angehörige des königlichen Gefolges, einer davon mit einem Falken. Um das Jahr 1200 entstanden, ist es ein ungewöhnliches Beispiel profaner Malerei am Übergang von der Romanik zur Gotik.

DER AUSKLANG: DAS ANJOU

Die Geschichte des Anjou ist eng verknüpft mit der Dynastie der Plantagenets, deren Vertretern man gleich zu Beginn einer Fahrt durch das Anjou in der Abtei Fontevraud seine Aufwartung machen kann: In der dortigen Klosterkirche sind Eleonore von Aquitanien, ihr zweiter Ehemann Heinrich II. von

England sowie deren beider ältester Sohn Richard Löwenherz in prächtigen Sarkophagen zur letzten Ruhe gebettet.

Fontevraud Die Abtei ist eine Gründung des *Robert von Arbrissel.* Dem 1091 ins Leben gerufenen *Doppelkloster* (eines für Mönche, das andere für Nonnen, beide einer gemeinsamen Äbtissin unterstellt – in der damaligen Zeit eine Sensation!) wurden bald zwei weitere Gemeinschaften angegliedert. In ihnen fanden Menschen Aufnahme, die ein Dasein am Rande der Gesellschaft führten: Aussätzige, Straffällige, Asoziale und Prostituierte. Eleonore von Aquitanien zog sich hochbetagt nach Fontevraud zurück, das sie engagiert gefördert hatte. Fontevraud wurde zum Mutterkloster einer eigenen Kongregation, die in ihrer Blütezeit achtzehn Klöster in ganz Frankreich unterhielt. In späteren Zeiten gerieten die selbstlosen Ziele des Ordensgründers jedoch in Vergessenheit. Im 18. Jahrhundert galt Fontevraud, von dessen insgesamt 26 ausnahmslos adligen Äbtissinnen mehr als die Hälfte (nämlich 14) im Rang einer Prinzessin standen, als das wohlhabendste Kloster im ganzen Land. Eine prächtige Hofhaltung hatte die karitativen Aufgabenstellungen restlos überwuchert. Das erklärt, weshalb sich in der Revolution der Volkszorn mit ungezügelter Heftigkeit gegen das Kloster entlud. Zahlreiche Nonnen starben unter der Guillotine, weite Teile der Abteigebäude fielen der Spitzhacke zum Opfer. Der Rest wurde in ein Gefängnis umgewandelt und noch bis 1963 als solches benutzt. Erst danach wurde eine umfassende Restaurierung in Angriff genommen und das traditionsreiche Kloster der Öffentlichkeit zugänglich gemacht.

Die Kirche des 12. Jahrhunderts ist das Paradebeispiel einer *aquitanischen Kuppelkirche.* Den einschiffigen Wandpfeilersaal, der in vier Joche unterteilt ist, überfangen vier mächtige Kuppeln, deren monumentale Erscheinung dem verhältnismäßig niedrigen Raum einen Eindruck von erhabener Würde verleihen. An das weit ausladende Querhaus, in dem sich die Gräber der Plantagenets befinden, schließt sich ein Chor mit Umgang und radial ausgerichteten Kapellen an. Als zweites Denkmal der Romanik ist die *einstige Klosterküche* erhalten, die originellste, die uns aus dem Mittelalter bekannt ist. Wegen des personenstarken Aufkommens der vier unter einem Dach zusammengefaßten Gemeinschaften ist sie auffallend groß proportioniert. Um ein zentrales Quadrat legt sich ein Oktogon, von dem acht apsidiale Nischen ausgehen, jede im Besitz einer eigenen Feuerstelle. Am Außenbau erscheint ein ganzer Wald von Rauchabzügen. Alle anderen Baulichkeiten in Fontevraud entstammen späteren Epochen, vor allem dem 18. und 19. Jahrhundert.

Candes-Saint-Martin Nur wenige Minuten von Fontevraud entfernt stößt man direkt am Zusammenfluß von Vienne und Loire in Candes-Saint-Martin auf ein weiteres sakrales Bauwerk des Mittelalters. Die *Kirche* wurde an der Stelle errichtet, an der der Überlieferung zufolge der heilige Martin gestorben sein soll. Der bestehende Bau vertritt mustergültig den angevinischen Stil mit seinen kuppelartig ausgebusten Gewölben.

Saumur Die nächste Etappe auf dem weiteren Weg in Richtung Westen ist wiederum ein prachtvolles Schloß: Saumur. Hoch ragt die Anlage über der Loire auf und beherrscht weithin das Tal. Trotz einiger Veränderungen in der Renaissancezeit (beispielsweise die Vergrößerung der Fenster) tritt doch in der Gesamterscheinung der quadratisch angelegten Burg das Mittelalter und seine auf Wehrhaftigkeit ausgerichtete Bauweise in den Vordergrund. Im 15. Jahrhundert genoß Saumur so großes Ansehen, daß es als Hintergrund in der Illustration des Monats September Aufnahme in das Stundenbuch des Herzogs von Berry fand.

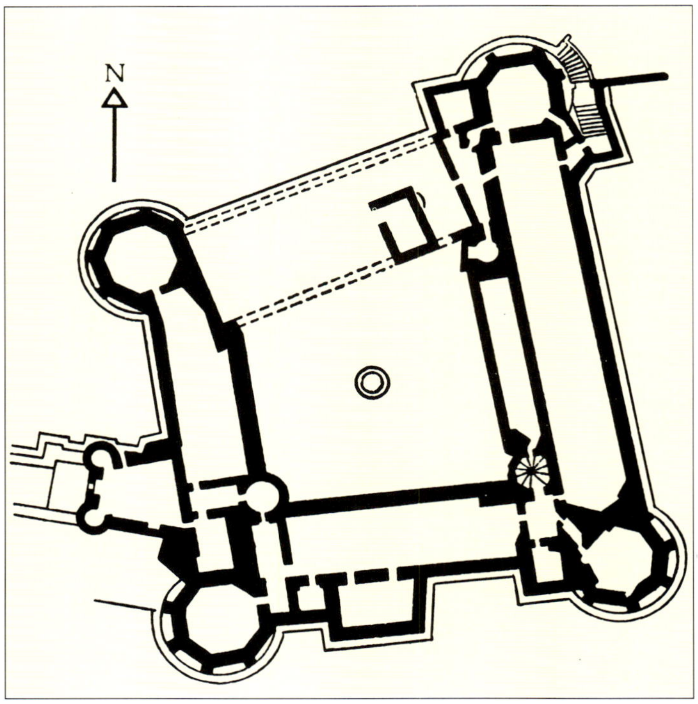

Saumur. Ebenso wie bei der Burg Chaumont wurde auch in Saumur in nachmittelalterlicher Zeit ein Trakt der ursprünglich vierflügeligen Anlage abgerissen, um einen freien Blick von dem dergestalt zur Terrasse gewandelten Hof in die Landschaft zu eröffnen.

Die Glanzzeit von Saumur fällt aber erst in das späte 16. Jahrhundert, als sich der Protestantismus der Protektion Heinrichs IV. sicher war. Der *Herzog Duplessis-Mornay*, den man, halb spöttisch, halb ehrfürchtig, den «Hugenottenpapst» nannte, gründete eine protestantische Universität, die schon bald einen internationalen Ruf besaß. Um so tiefer war dann aber auch der Fall von Saumur, als Ludwig XIV. 1685 das Toleranzedikt seines Großvaters wieder aufhob. Dem Massenexodus der Hugenotten im ganzen Land schlossen sich zwei Drittel der Einwohnerschaft von Saumur an. Die Stadt brauchte Jahrhunderte, um sich von diesem Schlag wieder zu erholen.

Im Innern des Schlosses ist ein qualitativ hochwertig und reich bestücktes *Kunstgewerbe-Museum* eingerichtet, dessen beachtliche *Porzellansammlung* besonders sehenswert ist. Man sollte Saumur nicht verlassen, ohne zuvor auch der *romanischen Kirche Notre-Dame-de-Nantilly* und der sehr angesehenen *Kavallerie-Reitschule* eine Visite abgestattet zu haben.

Montreuil-Bellay Südlich von Saumur lädt das Schloß Montreuil-Bellay zu einem Abstecher ein. Die komplexe Anlage besteht aus vier unterschiedlichen Baukörpern. Der älteste entstand im 13. Jahrhundert, die jüngeren Gebäude-

Fortsetzung Seite 195

Diese Seitenkapelle in der Kathedrale von Tours ist mit einem von vielen Menschen aufgesuchten Marienaltar geschmückt.

Nächste Doppelseite: Einen Espresso in solch stilvollem Ambiente bietet Tours vielerorts.

Eine Partie Boule an der Hängebrücke von Langeais: Entspannung typisch französischer Art.

Schlössernostalgie allerorten: Selbst einen Eiskarren ziert das Konterfei eines Schlosses, in diesem Fall jenes von Azay-le-Rideau.

In Tours: Fachwerkhäuser bestimmen auch heute noch das Bild zahlreicher Städte im Loiretal. Das kostspielige Steinmaterial konnten sich nur die Reichsten, vor allem aber Kirche und Adel leisten.

In Amboise: «Le Chateau» – diesmal ein Hort der Erfrischung. Auch mit dem Fahrrad kann man die Tour von Schloß zu Schloß bewältigen – die sicherlich umweltfreundlichste Art des Reisens. Von Orléans bis nach Angers muß man mindestens sieben Tage veranschlagen.

Nächste Doppelseite: Zwischen 20 000 Büchern läßt es sich auf Schloß Serrant trefflich schmökern – und auch eine Partie Billard spielen.

Ein sonniger Tag in Serrant läßt das herrschaftliche Arbeitszimmer und die Bibliothek in warmem Glanz erscheinen.

teile zwischen dem 15. und 16. Jahrhundert. Der Komplex gliedert sich in das *Alte Schloß*, das *Kleine Schloß* und das *Neue Schloß* sowie *die Schloßküche*, die, als eigener Trakt von den anderen Gebäuden abgesetzt, erkennbar in der Nachfolge der Küche von Fontevraud steht.

Cunault Zwei Routen bieten sich für die Weiterfahrt von Saumur nach Angers zur Auswahl an. Die eine führt auf der linken (südlichen) Seite der Loire zunächst nach Cunault. Die *romanische Kirche* des Ortes ist als dreischiffige Halle ein Ableger der Bauschule des Poitou. Durch nachträgliche Maßnahmen erhielt das Gebäude zum Teil angevinische Gewölbe.

Berühmt ist Cunault aber vor allem durch einen *Zyklus* von mehr als *zweihundert Kapitellen*, der damit einer der umfangreichsten der gesamten mittelalterlichen Kunst ist.

Brissac Kurz vor Angers markiert das Schloß von Brissac eine weitere wichtige Etappe. Es ist eines der wenigen Schlösser im Loiretal, die im *Louis-Treize-Stil* (17. Jahrhundert) errichtet wurden. Allerdings wurden dem Bauwerk Teile eines mittelalterlichen Vorgängers inkorporiert, welche vor allem in Gestalt der klobigen Rundtürme hervortreten. Attraktiver als die uneinheitliche äußere Erscheinung ist der Rundgang durch die Innenräume, die zum Teil erlesen ausgestattet sind. Geschichte allerorten! – auch in Brissac fand eine Begegnung statt, die die Gemüter ihrer Zeit bewegte: Dort versöhnten sich Ludwig XIII. und seine Mutter Maria de Medici (zweite Frau Heinrichs IV.), die er zuvor in Blois jahrelang hatte einsperren lassen. Auf abenteuerliche Weise war ihr zuvor die Flucht aus Blois gelungen.

Boumois Die andere Route, auf dem rechten Ufer der Loire, beschert dem Reisenden wieder ein gebündeltes Schlösserprogramm. Wenig besucht und gerade dank dieser Lage abseits des großen Touristenstroms so besonders anziehend, ist das Schloß Boumois die erste Etappe auf dem Weg von Saumur nach Angers. Seine trutzigen Rundtürme entstammen dem 15. Jahrhundert, also einer Zeit, in der die Baumeister vorwiegend dem Aspekt der Verteidigung verpflichtet waren. Die dazwischenliegenden Wohntrakte wurden im 16. Jahrhundert umgestaltet, so daß auch in Boumois die freundlichen Akzente der Renaissance Einzug halten konnten. Dies gilt gleichfalls für die zum Teil noch erhaltenen Ausstattungen der Innenräume.

Montgeoffroy Die nächste Station ist das Schloß Montgeoffroy. Erst im 18. Jahrhundert errichtet, ist es eines der letzten Schlösser, die im Tal der Loire entstanden. Die klassizistische Zurückhaltung der dreistöckigen Anlage ist sinnbildhafter Ausdruck für das schwindende Selbstbewußtsein der sterbenden Feudalaristokratie. In den leicht vorspringenden Ecken und der dezenten Betonung des Mittelrisalits lebt selbst in diesem späten Beispiel noch die Erinnerung an die Herkunft der Schloßarchitektur aus dem mittelalterlichen Burgenbau fort. Da das Schloß in der Revolution unbehelligt und zudem in Familienbesitz blieb, erlebt man das Innere gänzlich unverfälscht. Jeder Tisch, jeder Sessel, jeder Wandbehang befindet sich noch an genau der Stelle, für die das jeweilige Stück einst geschaffen wurde. Dergestalt erfährt der Besucher authentisch die noble und zugleich etwas kühle Wohnkultur eines adligen Landsitzes am Vorabend der französischen Revolution.

Plessis-Bourré Bevor man Angers ansteuert, ließe sich noch ein Abstecher nach Norden ins Tal der Sarthe unternehmen. Dort bietet die Kulisse des Schlosses von Plessis-Bourré exemplarischen Anschauungsunterricht zum Thema der mittelalterlichen Fortifikationsarchitektur. Der dem 15. Jahrhundert entstammende Bau hat nämlich im Gegensatz zu den meisten anderen Burgen dieser Zeit praktisch keine Veränderungen erfahren (jedenfalls in seiner äußeren Erscheinung). Ein breiter Wassergraben umgibt die aus vier annähernd gleichen Flügeln bestehende Burg, die zu einem strengen Quadrat gruppiert sind. Die Ecken markieren wuchtige Rundtürme. Eine 43 Meter lange Brücke ist über den Burggraben geschlagen. Was uns heute aus der Perspektive zweckfreier Schönheit in einer romantischen Aura erscheint, ist zur Zeit der Erbauung eine lebenserhaltende Notwendigkeit und Sicherheitsmaßnahme gewesen. Wenn man den Innenhof erreicht, wandelt sich das Bild. Die dort in der Renaissancezeit vorgenommenen Veränderungen mildern den robusten Eindruck der mittelalterlichen Szene.

Angers Unter den großen Städten entlang der Loire ist Angers zweifellos die anziehendste. Das liegt einmal an der Fülle sehenswerter Denkmäler, zum anderen fasziniert hier das malerische Ambiente des historischen Altstadtkerns. Hoch darüber ragt die *Burg* auf, deren Wälle nach Westen steil zum Ufer der Maine abfallen, die nur wenige Kilometer weiter südlich in die Loire mündet. Über unregelmäßigem Grundriß umzieht eine mit siebzehn Wehrtürmen bestückte Mauer das Schloß. Sie entstand im 13. Jahrhundert und wurde errichtet, nachdem König Ludwig IX. der Heilige seinen jüngeren Bruder Karl mit dem Anjou belehnt hatte. Die Bauten innerhalb der Einfriedung entstanden erst im 15. Jahrhundert, als der Stern der Anjoudynastie, die ihren Machtbereich über die Provence bis nach Neapel und Sizilien ausgedehnt hatte, bereits zu sinken begann. Letzte Baumaßnahmen gehen auf *René den Guten* zurück, den hochgebildeten Titularkönig von Sardinien, der tatenlos mit ansah, wie sich der herrschsüchtige Ludwig XI. auch des Anjous bemächtigte. Er zog sich in die Provence zurück, die ihm gleichfalls gehörte und starb dort 1480. Mit ihm endete gleichfalls die Anjoudynastie, so daß die Provence ebenfalls endgültig an Frankreich fiel.

Der große Schatz des Schlosses ist der in seinen Räumen ausgestellte *Teppichzyklus* mit Darstellungen zur Apokalypse. Von dem ursprünglich 168 Meter langen zusammenhängenden Teppichstreifen, der in der Revolution zerstückelt wurde, sind 70 Einzelszenen erhalten geblieben, die sich immer noch zu der stattlichen Länge von 107 Metern addieren. Das Werk wurde um 1380 im Auftrag Ludwigs von Anjou in einem Pariser Atelier hergestellt und ist heute das umfangreichste Denkmal der mittelalterlichen Teppichwebkunst in Europa, für sich allein schon die weite Reise wert!

Als geistliches Zentrum antwortet dem Schloß in der Stadt die *Kathedrale Saint-Maurice*. Im 12. Jahrhundert entstanden (die Chorpartie wurde erst im Spätmittelalter fertiggestellt),

Schloß Serrant. Massive Rundtürme fassen die breit gelagerte Rückansicht des Schlosses ein, deren vielgestaltige Gliederung durch die Verwendung unterschiedlicher Gesteinsarten ihr charakteristisches Gesicht erhält.

Oben und unten: Innenansichten von Serrant. Sowohl Ludwig XIV. als auch Napoleon statteten den Schloßherren von Serrant einen Besuch ab. Der Stil der Epochen eben dieser beiden Herrscherpersönlichkeiten setzt den Hauptakzent im Rahmen der erhaltenen Innenausstattung. Die auffallend behagliche Atmosphäre des Interieurs ist außerdem durch den Umstand mitbestimmt, daß Serrant sich auch heute noch in Privatbesitz befindet und bewohnt ist.

Montreuil-Bellay. Die Schloßanlage besteht aus mehreren Baukörpern. Diese Abbildung zeigt das sogenannte Neue Schloß aus dem 15. Jahrhundert.

Ebenfalls dem 15. Jahrhundert entstammt das sogenannte Kleine Schloß von Montreuil-Bellay, in dem unter anderen die Schloßkanoniker ihre Wohnungen hatten. Links grenzt die Küche an das Kleine Schloß, in der man einen vereinfachten Ableger der Klosterküche von Fontevraud zu sehen hat.

Erst im 18. Jahrhundert im Auftrag des Marschalls de Contades errichtet, ist Montgeoffroy das jüngste und zugleich auch letzte der Schlösser im Tal der Loire.

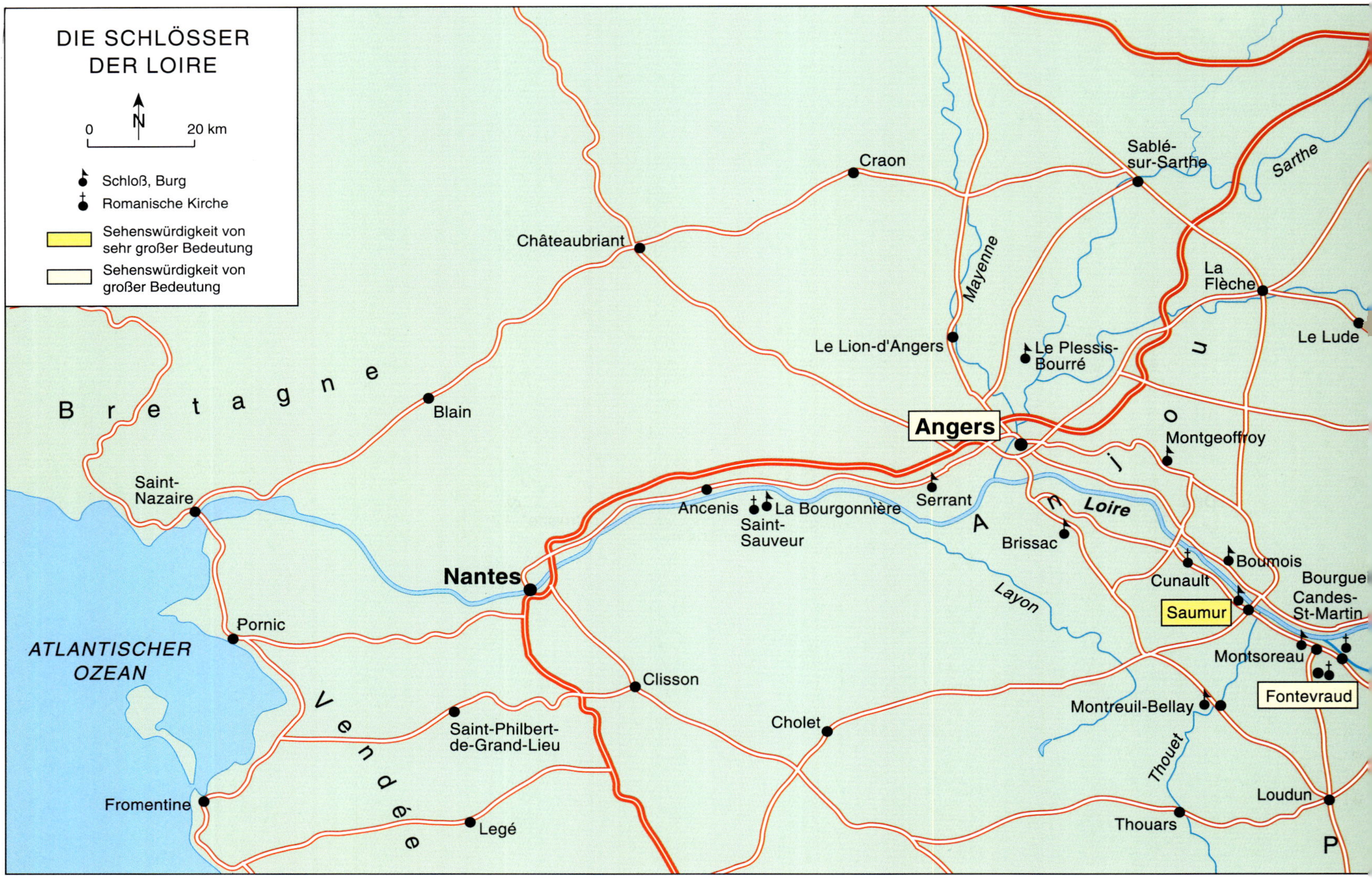

ist sie in der Vermischung romanischer und gotischer Formen eine der eigenwilligsten Raumschöpfungen des französischen Mittelalters. Der einschiffige Saal wird von angevinischen Gewölben überfangen, dem ältesten Beispiel dieser lokalen Wölbungsform. Auch die Vollendung des angevinischen Stils ist in Angers selbst zu sehen. Mit straff geblähten Segeln hat man die eleganten Gewölbe des *Chores von Saint-Serge* verglichen, die auf der Wende vom 12. zum 13. Jahrhundert entstanden. Ebenfalls romanischen Ursprungs ist der ehemalige *Krankensaal des Hospitals Saint-Jean.* Von der beherrschenden Stellung Angers im 12. und 13. Jahrhundert künden weitere romanische und gotische Kirchen, die jedoch zum Teil nur als Fragmente erhalten sind: *Saint-Aubin* mit dem Rest eines Kreuzgangs; *Saint-Martin* aus dem 11. Jahrhundert, damit zugleich eine der ältesten Kirchen des Loiretals; *Toussaints* (Ruine) und *Notre-Dame-du-Ronceray* auf dem anderen Ufer der Maine.

Viele Besucher betrachten ihre Reise durch das Tal der Loire in Angers als beendet. Wir möchten zum Abschluß der großen Schlösser-Symphonie aber die Weiterfahrt bis Nantes empfehlen.

Serrant Einen letzten triumphalen Höhepunkt der Schloßarchitektur bietet der Besuch des Schlosses von Serrant, 10 Kilometer westlich von Angers. Obwohl auch hier wieder, vom 16. bis zum 18. Jahrhundert, in unterschiedlichen Epochen gearbeitet wurde, besitzt das Schloß einen erstaunlich einheitlichen Charakter. Sein Ehrenhof wird von einem mittelalterlichen Burggraben eingefaßt. Das Schloß selbst besteht aus drei Flügeln von beträchtlichen Ausmaßen – insgesamt kann man hier von einer geglückten Kombination aus Azay-le-Rideau und Versailles sprechen.

La Bourgonnière Auf halber Strecke zwischen Angers und Nantes liegt auf der linken Seite der Loire das Schloß La Bourgonnière, das erst in der Zeit Napoleons I., also Anfang des 19. Jahrhunderts, entstand. Hier ist die Attraktion nicht das klassizistische Schloß selbst, sondern die in dessen Park befindliche *Kapelle Saint-Sauveur,* die einst zu einer Niederlassung der *Antoniter* gehörte. In der Fülle ihres Dekors kommt es in der in den ersten Jahren des 16. Jahrhunderts errichteten Kapelle zu einer gelungenen Verschmelzung von spätgotisch-französischen Formen mit solchen der anbrechenden Renaissance italienischer Prägung.

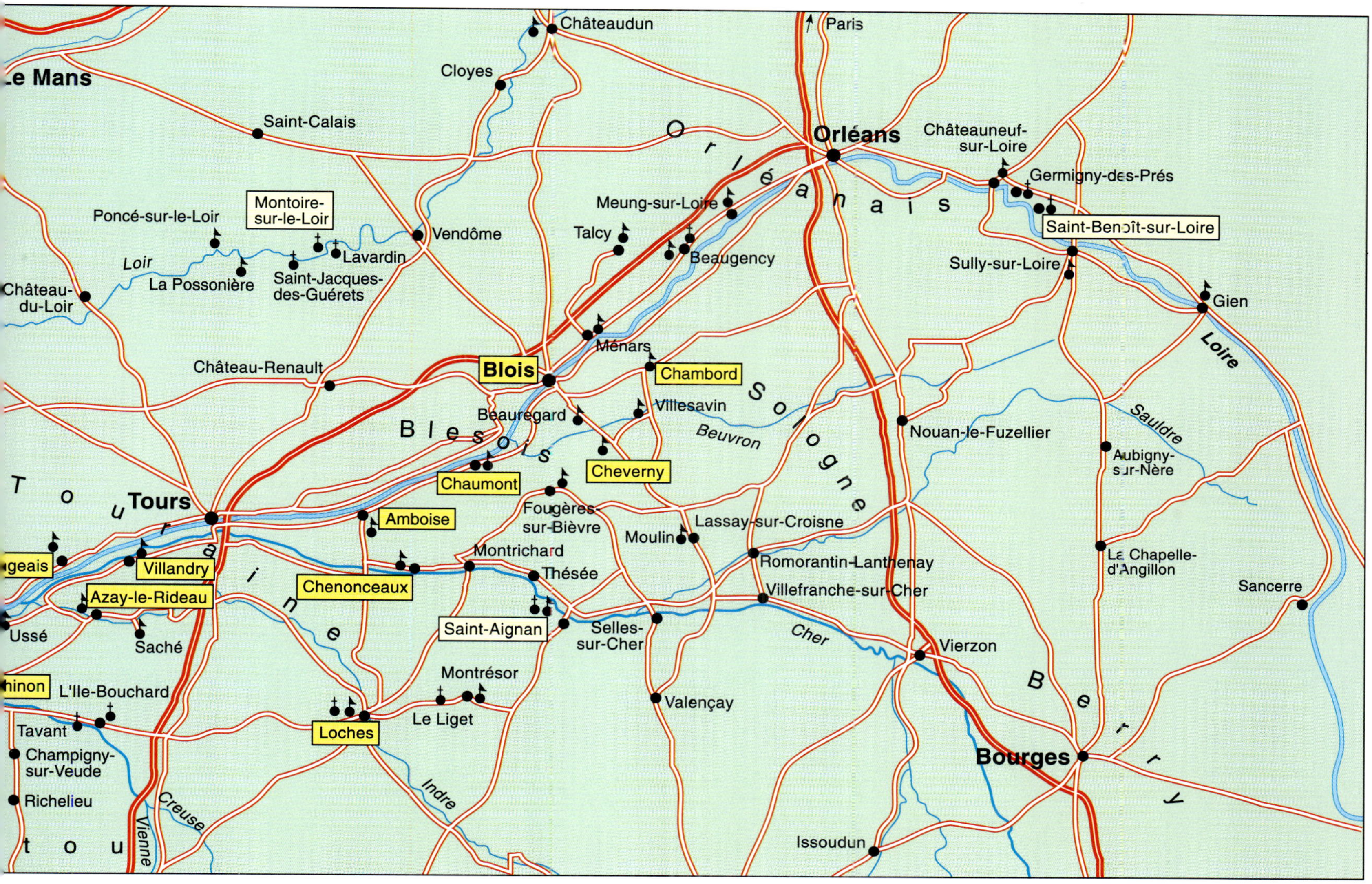

Nantes Diese Stadt ist nicht nur triumphaler Schlußakkord der Schlösserreise entlang der Loire, sondern zugleich auch Auftakt für ein neues Thema: die Bretagne, die der Reisende hier erreicht. Neben den geographischen sprechen auch historische Gründe dafür, unsere imaginäre Schlösserfahrt an dieser Stelle zu beenden. 1598 war das alte *Herzogschloß*, ein wehrhafter Bau des späten Mittelalters, die Bühne, auf der Heinrich IV. jenes Edikt verkündete, das fortan den Anhängern des Protestantismus die freie Ausübung ihres Glaubens garantierte. Er läutete damit ein Kapitel ein, das zu den sorgenfreieren der bewegten französischen Geschichte werden sollte. Zugleich senkte sich damit jedoch auch der Vorhang über dem Tal der Loire, das seine große Rolle als Wahlheimat der Könige ausgespielt hatte. Tief aber wurzelt bis heute die Erinnerung an die große Zeit der Loire im Bewußtsein aller, die Frankreich lieben, so daß das Tal dieses Stromes noch immer als Inbegriff des lieblichen Frankreichs, der «douce France» gilt.

Glasmalerei an einem Fenster in Loches, ein Bildnis von Karl VII. (1403 bis 1461). In diesem Schloß traf der französische König Jeanne d'Arc, nachdem mit ihrer Hilfe 1429 die Befreiung von Orléans gelungen war.

ANHANG

STAMMBAUM DER FRANZÖSISCHEN KÖNIGE 1270 BIS 1770

KAPETINGER – VALOIS – BOURBONEN

(Die Jahreszahlen geben die jeweilige Regierungszeit an)

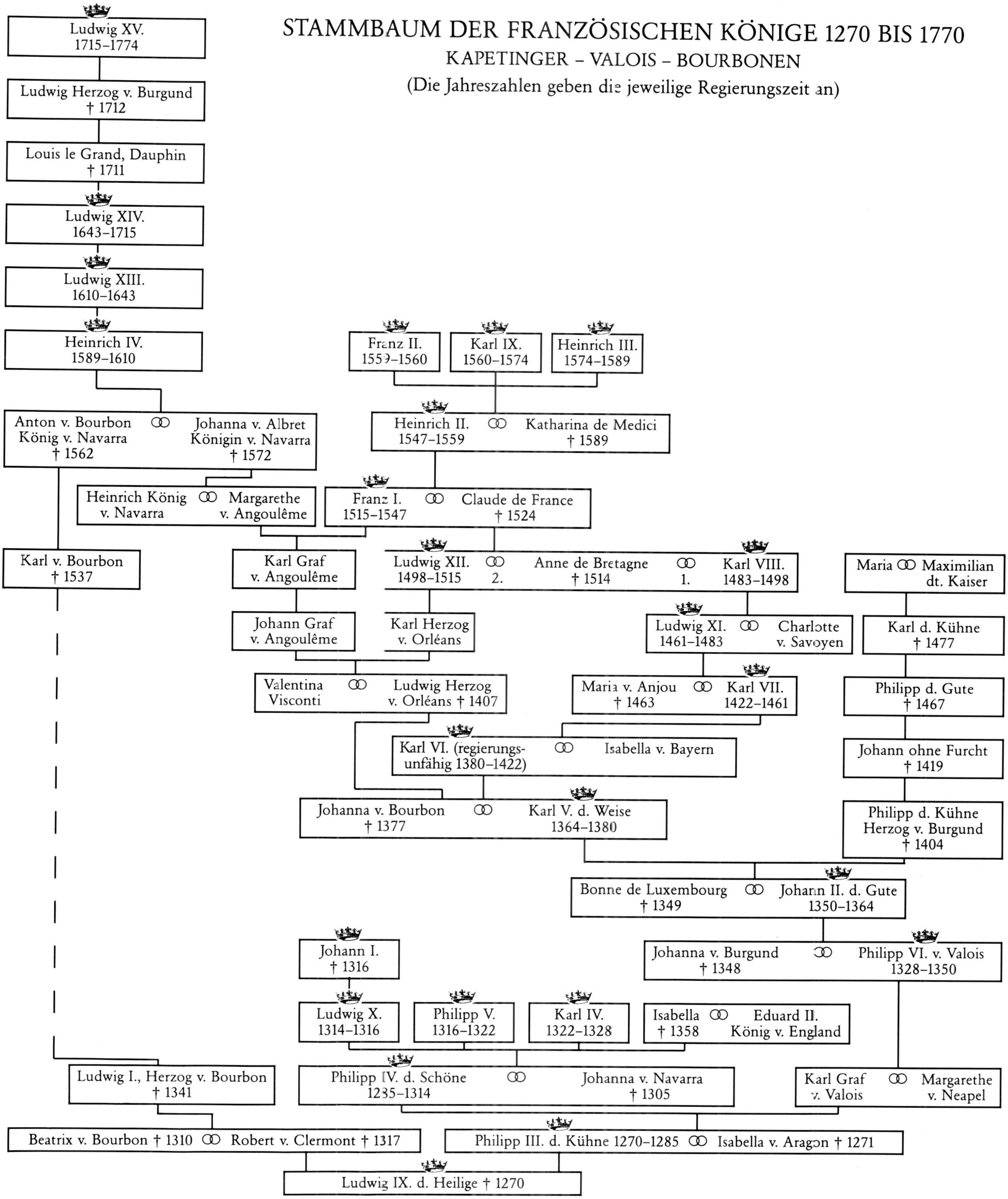

REGISTER

Kursive Ziffern verweisen auf Abbildungen

PERSONENREGISTER

ORTS- UND SACHREGISTER

TEXTNACHWEIS

Laurent d'Arvieux: Mémoire. Paris 1735, in: Bernard Champigneulle: Loire-Schlösser. München: Prestel Verlag 1966. Aus dem Französischen übersetzt von Hubert Klemke.
Honoré de Balzac: Die Lilie im Tal. Manesse: Manesse Verlag, Zürich 1977. Aus dem Französischen übersetzt von Trude Fein.
Ders.: Tolldreiste Geschichten. München: Winkler-Verlag 1958. Aus dem Französischen übersetzt von Walter Widmer.
Seigneur de Brântome: Das Leben der galanten Damen. München: Wilhelm Heyne Verlag 1962. Aus dem Französischen übersetzt von Helmut Müller-Valmont.
Gustave Flaubert: Tagebücher. Über Feld und Strand. Potsdam: Gustav Kiepenheuer Verlag 1929. Deutsche Gesamtausgabe von E. W. Fischer.
Léon Gozlan: Balzac in Pantoffeln. © Artemis & Winkler Verlag, München. Aus dem Französischen übersetzt von Ursula Seyffarth und Fritz Knöller.
Henry James: Eine kleine Frankreich-Tour. München: List Verlag 1986.
Wolfgang Koeppen: Reisen nach Frankreich. © Suhrkamp Verlag, Frankfurt am Main 1979.
Heinrich Laube: Französische Lustschlösser, in: Laube's gesammelte Schriften. Wien: Wilhelm Braunmüller 1876.
Hermann Fürst von Pückler-Muskau: Semilassos vorletzter Weltgang. O. O. 1835.
François Rabelais: Gargantua und Pantagruel. München: Biederstein Verlag 1974. Aus dem Französischen übersetzt von Engelbert Hegaur und Dr. Owlglass.
Jules Romains: Ein königliches Tal, in: Merian. Tal der Loire. 10. Jg., Heft 2. Hamburg: Hoffmann und Campe Verlag 1957.
Jean-Jacques Rousseau: Die Bekenntnisse. Nach dem Text der Genfer Handschrift übertragen von Alfred Semerau. Berlin: Propyläen-Verlag 1920.

BILDNACHWEIS

Archiv für Kunst und Geschichte, Berlin: S. 7, 18, 24 l., 30, 55 o.l., 74, 75, 77 l., 77 r.
Bildarchiv C.J. Bucher Verlag, München: S. 53 o., 53 u., 79, 81, 85 u., 86/87, 89 u., 92, 93 o., 110 l., 110 r.
Bildarchiv Foto Marburg: S. 84, 88, 111, 113 l., 113 r.
Bildarchiv Preußischer Kulturbesitz, Berlin: S. 23 l., 24 r., 31 r.
Historia-Photo, Hamburg: S. 20 r., 54 o., 54 u.l., 55 u.l., 89 o.
Photographie Giraudon, Paris: S. 22, 27 o., 27 u., 28/29, 31 l., 68 o., 68 u., 76 l., 76 r.
Photo N. D. Roger-Viollet, Paris: S. 20 l., 21, 54 u.r., 55 o.r., 55 M., 55 u.r., 82/83, 85 o., 90/91, 93 u., 94/95, 96, 112 o., 112 u., 114, 115, 117, 160.

Zusatzbebilderung der Farbstrecke stammt von Hermann Josef Wöstmann, Kerpen-Buir: S. 4, 5 M.r., 23 r., 66, 67 o., 67 u.l., 67 u.r., 69, 98, 99, 100/101, 102, 134 u., 144 o., 145 o., 158/159, 199.

Alle anderen Farbabbildungen stammen von Axel M. Mosler.

Die Karte auf Seite 200/201 zeichnete Astrid Fischer-Leitl, München.

Axel M. Mosler fotografiert mit Leica-Kameras und verwendet Objektive zwischen 19 und 250 mm.

Vor- und Hintersatz: Gartenanlage von Schloß Villandry

Wir danken allen Rechteinhabern und Verlagen für die freundliche Erlaubnis zu Nachdruck und Abbildung. Trotz intensiver Bemühungen war es aber nicht möglich, alle Rechteinhaber zu ermitteln. Wir bitten diese, sich an den Verlag zu wenden.

Alle Angaben dieses Bandes wurden vom Autor sorgfältig recherchiert und vom Verlag auf Stimmigkeit und Aktualität geprüft. Allerdings kann keine Haftung für die Richtigkeit der Informationen übernommen werden. Für Hinweise und Anregungen sind wir jederzeit dankbar. Zuschriften bitte an
C.J. Bucher Verlag, Lektorat
Goethestraße 43
80336 München

IMPRESSUM

Bildkonzeption: Axel Schenck
Lektorat: Katrin Ritter
Anthologie: Eduard Dietl
Bilddokumentation: Anne Leopold, Stephan Urbaschek
Graphische Gestaltung: Werner Poll
Herstellung: Angelika Kerscher

Technische Produktion: Fotosatz Ressemann, Hochstadt; Litho: Oestreicher + Wagner, München; Druck: Editoriale Lloyd S.r.l., I-Trieste

Überarbeitete und erweiterte Nachauflage

Printed and bound in Italy
ISBN 3 7658 1227 7